Elie Moukabed

DIGITALIZED AGILE

Empirical Genesis

Copyright © 2023 Elie Moukabed

Tous droits réservés.

Préface

Le Project Management Institute permet de jolies rencontres, c'est grâce au Chapitre France du PMI que je dois ma première entrevue avec l'auteur Elie Moukabed. Nous avons échangé sur la gestion de projets, programmes et portefeuilles et j'ai eu la chance d'avoir une présentation de sa méthode et d'en découvrir l'outil.

Dans « Digitalized Agile Empirical Genesis », l'auteur livre la méthode « Digitalized Agile », qui permet de piloter des projets, des programmes et des portefeuilles. Née expérimentalement, elle est compatible avec tous les types de gestion de projet. Très opérationnelle, elle a été élaborée suite à l'utilisation de plusieurs pratiques sur le terrain qui ont été par la suite regroupées. Vraiment empirique car l'outil a été construit dans la réalité de « vrais » projets dans la « vraie » vie, c'est pour cela qu'il est maintenant pleinement opérationnel.

A ce jour, seul PfMP® de l'industrie bancaire française, je navigue dans cette industrie depuis plus de 20 ans et je connais la rigidité de ses processus, modes opératoires et en particulier la difficulté de s'interfacer avec une informatique protégée légitimement pour des questions de sécurité.

J'ai tout d'abord été impressionné par l'opérationnalité de l'outil, il demande des compétences techniques que l'auteur décrit dans les prérequis ; elles peuvent s'acquérir assez simplement si le gestionnaire voulant utiliser l'outil ne les maîtrise pas toutes. Une fois les techniques intégrées, le processus pleinement automatisé livre des vues qui donnent aux clients la visibilité nécessaire et assistent le chef de projet, de bout en bout, jusqu'à la gestion des entrées et sorties de membres de l'équipe. « ... il donne une vision supérieure du déclenchement des étapes les unes après les autres, une visibilité sur plusieurs niveaux : portefeuille, programmes et projets, mais aussi suivant l'organisation : équipes, départements... » me rapporte un Directeur de département IT d'un grand Groupe Bancaire Français « ... et ceci constitue une réelle aide au management et facilite la communication avec les Parties Prenantes. ».

Dans le chapitre 5 « Préparation de l'outil », l'auteur explique comment préparer l'infrastructure numérique de l'outil. Ce chapitre développe la construction du socle technique et le gestionnaire de projet souhaitant utiliser la méthode proposée sera satisfait d'être assisté pas à pas.

Techniquement, par rapport aux différents domaines de compétence de la gestion de projets, programmes et portefeuilles, l'outil est principalement axé sur les pratiques de gestion de la performance. En spécialiste de la gestion de portefeuilles, je peux affirmer qu'il couvre les tâches d'équilibrage du portefeuille, de priorisation des composants en fonction des ressources disponibles et d'ajustement des capacités. Et aussi celles qui consistent à contrôler la performance du portefeuille.

Enfin, le panel de pratiques offertes, la notion de stories roadmap et les vues Gantt proposées raviront les professionnels.

Olivier Métellus, PfMP®

Remerciements

A Laurent qui m'a aidé à faire mes premiers pas dans l'agilité et qui était toujours partant pour m'accompagner dans mes initiatives.

A Hervé à qui je ne serai jamais assez reconnaissant de m'avoir ouvert sa liste de contacts et qui a su m'encourager dans la concrétisation de ce projet.

A Olivier qui m'a efficacement conseillé et encouragé, et m'a fait l'honneur de préfacer mon livre.

A Thierry et Christophe qui m'ont permis et aidé à mettre en œuvre mes idées.

Et enfin, à Sylvie, Mathieu et Mikaël qui ont supporté mes absences pour élaborer et exercer cette méthode, puis rédiger ce livre.

Table des matières

Préface iii

Remerciements v

Introduction 2

Prérequis 4

Chapitre 1 – Contexte 6

Chapitre 2 – Etat des lieux 8

Chapitre 3 – Définition de la solution 14

Chapitre 4 - Kanboard 28

Chapitre 5 – Préparation de l'outil 34

Chapitre 6 – Lecture de l'extraction csv 46

Chapitre 7 – Gestion de l'équipe 84

Chapitre 8 - Backlog Produit 114

Chapitre 9 – Stories Roadmap 142

Chapitre 10 – Sprints 166

Chapitre 11 – Projects Roadmaps 192

Chapitre 12 – Conclusion 226

Introduction

J'explique dans ce livre ma méthode "Digitalized Agile" qui me permet de piloter des projets, des programmes et des portefeuilles. Je la présente sur une situation pratique car elle est empirique. Elle est compatible avec les méthodes actuelles telles que le Cycle en V, les méthodes agiles (Scrum, Kanban, XP...) et l'agilité à l'échelle (Scaled Agile Framework, Scrum of Scrum, Nexus...). Elle utilise la transformation numérique pour améliorer la gestion des projets et optimiser ses pratiques et processus.

Pourquoi le titre « Digitalized Agile Empirical Genesis » :

Le mot « Genesis » indique que c'est le premier livre à décrire cette méthode. Le terme « Empirical » informe qu'elle a été édifiée en utilisant plusieurs pratiques sur le terrain qui ont ensuite été regroupées. Cette méthode a été théorisée à la suite d'une observation et d'un rassemblement des pratiques utilisées, à l'image des méthodologies Agiles. Le mot « Agile » provient de l'un des objectifs qui est d'introduire l'agilité dans le but d'améliorer et d'optimiser les comportements et les pratiques. L'utilisation du mot « Digitalized » annonce qu'il s'agit d'une transformation numérique de la gestion des projets. Un des objectifs est de corriger rapidement le statut en prenant en compte les modifications subies en temps réel par les paramètres environnementaux qui affectent l'avancement.

Prérequis

Pour bien comprendre et reproduire cette expérience, il est nécessaire d'avoir les compétences suivantes :

- Kanboard : Étant donné que la plateforme Kanboard était l'outil de travail de l'équipe dans le cas étudié, il est nécessaire d'avoir une certaine connaissance. Il est nécessaire de comprendre comment Kanboard gère les tickets, la circulation et l'affichage. Il est possible que les connaissances d'une plateforme similaire (Jira, Planner...) soient suffisantes. Pour avoir une idée générale de cette plateforme, vous pouvez facilement trouver des informations sur les images de tableaux Kanboard sur Internet.
- Excel : Il est nécessaire d'avoir de solides connaissances en Excel. Excel est utilisé pour compléter la partie manquante de Kanboard, sauvegarder des données et contenir les rapports construits.
- VBA : Il est nécessaire d'avoir des connaissances VBA. J'ai utilisé ce langage pour automatiser les pratiques et les processus. Ce langage est largement utilisé car la plupart des entreprises utilisent Microsoft Office.
- SQL : Il est nécessaire d'avoir des connaissances SQL. J'utilise cette technologie pour accéder aux données Excel car elle réduit le temps de réponse.
- Internet Explorer ou Edge doivent être installés sur le PC car j'utilise un contrôle WebBrowser pour faciliter plusieurs affichages.

- HTML : Il faut avoir des notions HTML parce que j'utilise cette technologie pour écrire et lire des données dans les contrôles WebBrowser.
- Agilité : Pour comprendre les pratiques agiles que je vais introduire dans ma stratégie de redressement d'équipe, il faut avoir des connaissances en agilité.

Chapitre 1 – Contexte

Nous sommes au mois de janvier, un jour froid et humide à Paris. C'est mon premier jour sur une nouvelle mission en gestion de projet. L'équipe qui m'accueille est composée de membres ayant plusieurs profils allant des plus techniques aux chefs de projets. Cette équipe fonctionne en mode gestion des demandes avec ses clients. Ces derniers sont externes, gérant une multitude de projets ou de maintenances. Chacun de ces clients est interfacé avec un chef de projet de l'équipe qui pilote ses demandes.

Pour illustrer le rôle du chef de projet au sein de cette équipe, je décris brièvement ses tâches :

- Offrir un point de contact aux clients affiliés aux services métiers de l'entreprise.
- Maîtriser les plannings de ses clients et surveiller leur respect en ce qui concerne l'activité de l'équipe.
- Prévoir les demandes futures.

- S'assurer que les ressources nécessaires pour traiter les demandes sont disponibles.
- Garder un œil sur le traitement des demandes et aider à résoudre les problèmes.
- Pour permettre une estimation globale du projet et la signature du contrat, dresser une liste de toutes les activités qui vont se dérouler par l'équipe au lancement du projet. L'estimation globale est basée sur les abaques génériques que toute l'équipe utilise.

L'équipe est constituée d'environ trente membres, y compris sept chefs de projets. Les ressources techniques constituent le reste de l'équipe. Le chef de projet peut faire appel à des experts externes provenant d'autres équipes spécialisées pour des demandes sur des technologies spécifiques dont les compétences ne sont pas détenues ou ne sont pas à la maturité demandée par les membres de l'équipe.

Chaque chef de projet gère un ensemble de projets, car l'équipe gère environ vingt projets, et les ressources techniques travaillent transversalement sur l'ensemble des projets.

Chapitre 2 – Etat des lieux

Dès le premier jour, une ambiance morose se ressentait dans l'équipe. Quelque chose n'allait pas. J'avais rapidement identifié une mauvaise organisation. Une façade d'agilité précédemment introduite n'apportait aucune valeur ajoutée. Au contraire, elle imposait une charge de travail supplémentaire. Sous cette façade agile, une partie de l'équipe s'était organisée pour appliquer ses anciennes pratiques traditionnelles, et je dois dire qu'elle s'en sortait plutôt bien. Le reste de l'équipe était complètement désorienté par l'abandon de la méthodologie traditionnelle sans trouver l'équivalent dans les pseudo-pratiques agiles. L'insatisfaction générale des clients ajoutait une pression sur le quotidien de cette équipe.

Il semblait que le terrain était instable et sans issue. Je suis parti le soir en me demandant comment la situation pourrait s'améliorer. Continuer à travailler avec une telle organisation risquait de compromettre la gestion de mes projets.

J'arrivais motivé le lendemain. J'étais prêt à relever le défi. Le pari était de taille. En plus de mon rôle de pilote de projet, j'avais pris la décision d'aider à rétablir l'ordre et l'organisation dans l'équipe. La réussite de ce travail était censée améliorer l'ambiance et rendre les clients satisfaits. Ne dit-on pas que le miracle se produit là où il y a le moins de foi ?

J'avais mis ma réflexion en oeuvre pour examiner les échanges, les flux, les actions et les interactions. J'étais devenu le surveillant silencieux qui analysait continuellement les processus et les activités, les reliant les uns aux autres et dessinait simultanément le détail et le schéma global. J'identifiais les points de faiblesses et réfléchissais à des solutions. J'envisageais les améliorations. Le schéma était en cours de perfectionnement.

Il s'était écoulé une dizaine de jours, un temps suffisant pour avoir une vue complète de l'organisation, des processus, des interactions, des personnalités et des défauts. Lorsque je m'étais lancé à la décrire, la construire et la tester, la solution se dessinait complètement.

La façade d'agilité était limitée à une réunion quotidienne et à un Kanban partagé sur la plateforme Kanboard. Le rituel de la réunion quotidienne n'était respecté que de manière partielle. L'ordre de prises de paroles suivait la liste des projets. Les chefs de projets étaient les seuls à prendre la parole chacun pour son périmètre. Les membres qui détenaient des rôles techniques n'intervenaient que rarement et lorsqu'il y avait une urgence pour fournir des informations impliquant un haut niveau de technicité dépassant les compétences des chefs de projet. Une partie de l'équipe se sentait dévalorisée et démotivée en raison de cette exclusion. Elle retranchait ces membres dans un profond silence et un sentiment de désintérêt. Ce dernier a conduit à un manque de respect du rituel, avec des absences fréquentes ou des horaires d'arrivées en réunion aléatoires. Le seul moyen de briser ce silence était le repas du midi, où le désespoir, le manque de respect et le désir de quitter l'équipe fuyaient. Il convient de souligner que cette équipe avait un taux de rotation (turn-over) très élevé, dépassant les trente pour cent l'année précédente.

Par conséquent, les dépassements étaient fréquents et la réunion quotidienne ne respectait pas son temps imparti d'un quart d'heure. Il était évident que l'animateur de cette réunion était incapable de la gérer.

Les chefs de projets étaient chargés directement de créer les tickets du Kanban. J'avais fréquemment remarqué que la position des tâches du Kanboard n'était pas mise à jour. Par exemple, il était fréquent que des tickets terminés soient laissés dans la colonne "En cours". Le Kanboard n'avait pas de règle pour l'initialisation des tâches de projet. Certains chefs de projet initialisaient le Kanboard par les tickets selon la phase du projet. D'autres ne créaient que les tickets nécessaires pour les deux semaines suivantes. Le reste préférait créer la totalité des tickets du projet dès le démarrage de ce dernier.

Les tâches créées sur le Kanboard avaient une priorité binaire : prioritaire ou non prioritaire. Une règle stipulait que les tâches prioritaires devaient être terminées à la date indiquée sur le ticket. Le client était le seul à pouvoir décider de cette priorité et à maîtriser son planning bien que ce dernier fût régulièrement communiqué au chef de projet.

Les estimations des tâches n'étant pas obligatoires, la majorité des tâches du Kanboard n'étaient donc pas estimées. J'avais entendu répéter que dans les cas où l'estimation était faite, elle ne reflétait pas la réalité du consommé sur le terrain. Le responsable de l'équipe ne faisait pas confiance à l'équipe pour estimer car les écarts et le manque de respect des estimations étaient courants. Par conséquent, les clients avaient perdu confiance en la maîtrise des estimations et suivaient avec insistance les demandes. Ils accusaient un manque de visibilité inquiétant et complet.

Tous les vendredis, il y avait un rituel pour attribuer les tâches de la semaine suivante. Les chefs de projets annonçaient leurs besoins en ressources techniques lors de cette réunion et également réservaient nominativement ces ressources. J'avais remarqué un clientélisme qui faisait que certains chefs de projet préféraient toujours travailler avec des ressources spécifiques. De plus, j'avais remarqué que les anciens chefs de projet qui connaissaient bien les ressources réservaient les meilleurs en premier et laissaient les miettes aux nouveaux chefs de projet.

Le respect des jalons se limitait à surveiller la date de fin d'une tâche prioritaire lorsqu'elle était en cours. Les clients eux-mêmes suivaient les vrais jalons des différents projets. L'équipe n'était pas capable de garantir le respect des jalons, malgré la communication continue des plannings aux chefs de projets par les clients. Les chefs de projet n'avaient une véritable visibilité que sur la semaine à venir. Ils étaient obligés de communiquer régulièrement l'avancement des tâches au client pour remédier à cette restriction. Ce dernier utilisait ces informations pour déterminer si le planning de son projet était respecté. Ainsi, le client était le véritable pilote du planning et l'équipe ne maîtrisait que l'avancement sur une semaine. A plusieurs reprises, j'avais remarqué que le client, voyant que son plan s'approchait dangereusement d'un jalon majeur avec un risque de ne pas le respecter, était obligé de lancer une alerte et de demander une correction rapide, ce qui était souvent impossible. Les clients étaient justifiablement mécontents de ces situations.

Chaque vendredi, chaque membre de l'équipe devait envoyer par e-mail le consommé de la semaine au responsable de l'équipe. Ces données étaient agrégées par projet. Le détail par activité d'un projet n'était pas fait, donc il n'y avait aucun lien avec les tâches du Kanboard qui devaient porter les estimations. Il n'y avait aucune comparaison estimation/consommation. Aucune amélioration sur les estimations n'était mise en oeuvre. Aucune rétrospective ou discussion n'était faite pour amorcer un essai d'amélioration.

Le Kanban est constitué des colonnes suivantes :

- "A préparer"
- "Prêt"
- "A faire"
- "En cours"
- "Bloquée"
- "A valider"
- "Terminée"
- "Archivée"

Pour organiser et rendre plus facile la visibilité, les tâches sur Kanboard étaient organisées en couloirs représentant les projets.

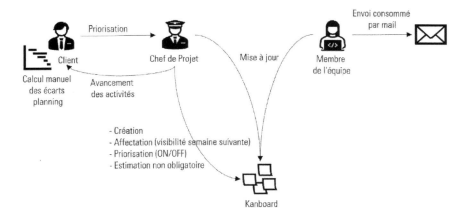

Chapitre 3 – Définition de la solution

J'avais commencé à donner forme à la solution en partant des faiblesses. Pour chacune des faiblesses que j'avais identifiées, j'avais décrit une correction dans le tableau suivant :

Faiblesse	Correction
L'équipe ne respectait pas l'horaire et les présences dans la réunion quotidienne.	La réunion quotidienne est un rituel très important qui doit être maintenu et renforcé. L'équipe entière doit s'engager à y participer. Pour y parvenir, tous les membres de l'équipe devront assister à une série de réunions pour expliquer l'objectif de ce rituel. En revanche, il est nécessaire de conserver le timebox de 15 minutes au maximum pour cette réunion Il est donc nécessaire de redéfinir sa progression. Chacun des membres de l'équipe aura la parole pour présenter les réalisations de la journée précédente, les objectifs de la journée en cours et les obstacles rencontrés.

Faiblesse	Correction
Une grande partie des participants ne prenaient pas la parole en réunion quotidienne.	Il est nécessaire de définir un nouveau déroulement de ce rituel qui permette à tous les membres de l'équipe de parler à tour de rôle.
La prise de parole en réunion quotidienne était ordonnée par projet.	Il n'est plus nécessaire de procéder par projet et de demander au chef de projet de prendre la parole. Les membres de l'équipe doivent pouvoir parler librement sans ordre préétabli. Chaque personne évoquera son travail sur l'ensemble des projets.
Il n'existait pas de règle pour saisir les tickets d'un projet sur le Kanboard. Certains projets voyaient leurs tâches alimentées phase par phase, d'autres sur deux semaines et le reste avait la totalité de ses tickets créée au début du projet.	Pour permettre une estimation globale et la signature du contrat, le chef de projet dressait une liste de toutes les tâches qui devaient être effectuées par l'équipe au début d'un projet. Le chef de projet doit créer tous les tickets dans Kanboard directement après la signature du contrat. Par ailleurs, des filtres seront utilisés par projet et par membre d'équipe pour ne pas rendre ce dernier difficile à gérer avec un nombre élevé de tickets.
La mise à jour des statuts des tickets sur Kanboard n'était pas toujours faite en temps réel. Il y avait quelquefois des retards qui s'élevaient à plusieurs jours.	Toute l'équipe doit utiliser le Kanboard comme outil de gestion et de suivi quotidien. L'équipe doit être formée à le tenir à jour par une série de réunions. La mise à jour des tickets doit être effectuée en temps réel. Lorsqu'on remarque, lors de la réunion quotidienne, que cette règle est violée, il est nécessaire de faire un rappel du processus et de l'organisation.

Faiblesse	Correction
La priorité des tickets était binaire et décidée par le client.	La totalité des tickets de l'équipe sur l'ensemble des projets sera incluse dans un Team Backlog. Un Product Owner doit être désigné et sera responsable de la gestion de ce backlog. Son rôle principal sera de déterminer la priorisation de l'ensemble des tickets avec les clients et les chefs de projet. Le backlog sera désormais ordonné dans un ordre distinct plutôt que binaire. Aucun ticket ne devra être accordé la même valeur qu'un autre. Le Product Owner, les clients et les chefs de projet doivent participer à un rituel de priorisation hebdomadaire. Le Product Owner prendra la décision finale en cas de conflit concernant la priorisation des tickets.
Le client était le seul à maîtriser son planning.	Chaque chef de projet doit maîtriser son planning. Un diagramme de Gantt sera construit à partir des tâches de l'équipe, en prenant en compte la priorité des tâches du projet dans le Team Backlog et la disponibilité des ressources de l'équipe. Ce diagramme devra être mis à jour dynamiquement pour afficher tout changement sur les critères (modification des tâches, de la disponibilité des ressources ou de la priorisation dans le Team Backlog).
Le respect des jalons par les chefs de projet se limitait au suivi du respect des dates de fin des tâches prioritaires.	Pour faciliter le suivi visuel et la mesure des écarts, les jalons doivent être affichés en permanence sur le Gantt. Il est important de sensibiliser les gens à la gestion continue des respects des jalons.

Faiblesse	Correction
Les vrais jalons des projets étaient suivis et maîtrisées uniquement par les clients.	Les jalons étaient annoncés par les clients au début du projet. Ils étaient également responsables de la détection des déviations au cours de la durée de vie du projet. L'équipe ne gardait pas officiellement ces informations. Pour avoir un aperçu visuel du statut de l'avancement par rapport aux jalons, ces informations doivent être conservées, mises à jour et utilisées lors de la création d'un diagramme de Gantt.
Les chefs de projet n'étaient pas capables de garantir le respect des jalons.	Les chefs de projet peuvent s'assurer que les jalons sont respectés en utilisant une approche basée sur des calculs mathématiques utilisant les données opérationnelles des équipes sur le terrain. En créant automatiquement un diagramme de Gantt qui prend en compte les activités du projet, la disponibilité des ressources et la priorisation du backlog, et en ajoutant des jalons à ce diagramme, les chefs de projet peuvent s'assurer que les jalons sont respectés.

Faiblesse	Correction
La visibilité des chefs de projet se limitait à la semaine à venir.	L'organisation de l'équipe était basée sur une semaine. Il faut déclarer que le travail se fait avec des sprints de taille d'une semaine pour perturber au moins ce fonctionnement. Un sprint est applicable à toute l'équipe, quel que soit le projet. Il faut pouvoir planifier plusieurs sprints pour maîtriser le plan de charge de l'équipe et par conséquent maîtriser les projets et leurs jalons. La planification nécessite plusieurs conditions opérationnelles : : Les estimations doivent être faites et les compétences doivent être définies (qui peut travailler sur l'activité ?) pour pouvoir vérifier les disponibilités des ressources portant les compétences nécessaires. Plus le backlog sera estimé, plus il sera possible de planifier. Les tickets dans le backlog doivent être estimés du plus prioritaire au moins prioritaire. Au début du projet, une estimation de toutes les tâches est nécessaire. Pendant la durée du projet, cette estimation pourra être ajustée. La réunion qui se tient tous les débuts de semaine doit être transformée en un véritable rituel de Sprint Planning et une séance d'estimation doit être prévue sur son ordre du jour.

Faiblesse	Correction
L'avancement des tâches était fourni périodiquement aux clients qui calculaient mentalement et intuitivement le respect des jalons sans se baser sur des calculs mathématiques.	Le diagramme de Gantt créé, mis à jour automatiquement et communiqué en temps réel aux clients permettra à l'équipe de calculer le respect des jalons en utilisant des bases mathématiques.
Les clients escaladaient à l'approche d'un jalon lorsqu'ils sentaient qu'il risque de ne pas être respecté.	À la fin de chaque sprint, un rituel de revue sera ajouté. Il permettra aux chefs de projet de regarder les diagrammes de Gantt avec les clients dans l'objectif d'identifier les risques liés au respect des jalons, plusieurs sprints en avance. En modifiant la priorisation du backlog, un arbitrage sera possible.
La réalisation des estimations des tâches n'était pas obligatoire. Par conséquent, elle n'était pas faite pour la plupart des activités.	Pour toutes les tâches, des estimations seront nécessaires. Lors du démarrage du projet, une estimation complète est nécessaire. Il est possible de laisser des estimations inexactes pour des activités de faible priorité (qui seront planifiées plus tard), mais il est faut les ajuster dès que possible. Lors de la Sprint Planning, un temps prévu pour l'estimation est à ajouter. Il doit permettre à l'équipe d'officialiser et de respecter régulièrement cette pratique.
Les estimations n'étaient pas précises.	Les estimations d'un projet étaient réalisées par le chef de projet. Les estimations dans la nouvelle solution seront effectuées à l'aide de ressources techniques portant la compétence requise par l'activité.

Faiblesse	Correction
Le consommé des ressources était envoyé par mail. Il se limitait à une agrégation par projet et n'était pas détaillé par activité.	La ressource qui traitera l'activité correspondante saisira directement le consommé sur le ticket Kanboard. Même si le travail sur un ticket n'est pas encore terminé, chaque ressource devra saisir son consommé sur l'ensemble des tâches qu'elle aura traitées à la fin de chaque journée.
Le respect des estimations n'était pas suivi.	Les ressources arrêteront d'envoyer par e-mail leurs consommations hebdomadaires. Elles les saisiront directement sur les tickets. À la fin de la journée, chacun dépensera son consommation quotidienne sur le(s) ticket(s) correspondant(s). Le responsable de l'équipe effectuera une vérification hebdomadaire des consommations tous les vendredis.
Le consommé des ressources n'était pas comparé à l'estimation.	Chaque vendredi, un rituel de rétrospective sera ajouté. Les tickets terminés du sprint seront affichés lors de cette réunion. Seront présentés l'estimation de chacune de ces tâches ainsi que le consommé utilisé pour la réaliser. L'équipe devra analyser et consigner ces données.

Faiblesse	Correction
Aucune action d'amélioration n'était prévue sur les estimations.	L'équipe devra créer des abaques d'estimation. Une analyse des comparaisons estimations/consommés du mois sera affichée lors de la rétrospective du dernier sprint du mois. Il faudra qu'elle soit construite par le PO. Elle ne sera pas limitée à la comparaison de tickets, mais devra se concentrer sur des sujets tels que les comparaisons de tickets similaires, de projets, de ressources ou du type de ressource qui les traite. Le PO devra communiquer l'analyse à toute l'équipe, et l'équipe aura le temps de la commenter ou de la compléter. Elle pourra identifier des actions d'amélioration à la suite de ce partage. Elle aura la possibilité de choisir de mettre à jour les abaques d'estimation.
Les clients constataient un manque de visibilité sur les activités, qui se projetait donc sur la maîtrise des projets.	Un Gantt automatisé et mis à jour en temps réel sera possible grâce à l'automatisation du processus. Le client aura accès à ce Gantt. De plus, le client participera aux séances de priorisation du backlog.
Les clients avaient perdu leurs confiances en l'équipe.	La maîtrise des processus de l'équipe, la transparence qui sera apportée par l'explication du nouveau processus aux clients et la surveillance qui leur sera apportée via les rituels et Gantt permettront de reconstruire leur confiance dans l'équipe.

Faiblesse	Correction
Les affectations des ressources aux tâches se limitaient à la semaine à venir.	En définissant les compétences requises pour chacune des activités au début du projet et en estimant le backlog, les ressources pourront être affectées par avance sur plusieurs sprints en fonction de leurs disponibilités. Les vues seront à jour si ces tâches sont automatisées. Par conséquent, une planification de sprints pourra être créée et mise à jour automatiquement afin de mettre en évidence et de faciliter le suivi de ces tâches.
Les chefs de projet choisissaient des ressources en fonction de leurs préférences et de leurs relations personnelles. Il a été observé que les chefs de projet utilisaient fréquemment les mêmes ressources techniques. Les compétences exigées par les activités n'étaient pas toujours la base de cette sélection.	La ventilation des tâches en fonction des ressources sera automatisée et basée uniquement sur les compétences et les disponibilités.

Faiblesse	Correction
Les chefs de projet chevronnés étaient capables de choisir les ressources et de planifier empiriquement leur semaine. Les nouveaux chefs de projet se confrontaient à un manque de ressources ou à des ressources qui n'étaient pas conformes aux compétences ou au niveau de compétences nécessaires aux activités.	Les chefs de projet peuvent se concentrer sur des tâches de plus grande valeur ajoutée comme le suivi de l'avancement du projet, le respect des jalons et l'analyse des écarts grâce à la ventilation automatisée des tâches. Cette dernière les épargnera de s'occuper de la planification, la disponibilité des ressources et le suivi des compétences.
Aucune rétrospective n'était faite sur l'équipe ou sur les projets.	Toutes les fins de sprints incluront un rituel de rétrospective. Il permettra de réfléchir aux pratiques et aux procédures de l'équipe dans un objectif d'amélioration. Cela doit entraîner une réduction du turnover.

La solution proposée est donc la suivante :

- Un animateur d'équipe (rôle équivalent à un Scrum Master) et un Product Owner seront désignés.
- Un outil sera construit :
  - Il permettra de gérer et suivre la disponibilité des ressources de l'équipe :
    - Jours travaillés/Week-ends/Jours fériés.
    - Jours de congés/arrêts maladie de chacun des équipiers.
    - Prise en compte des périodes de gels de chaque fin de mois qui bloquent des types spécifiques d'activités.
  - Il permettra de gérer le Team Backlog :
    - Gérer la priorisation des activités.
    - Définir pour chaque ticket du backlog le type de compétence nécessaire pour le réaliser.
    - Définir les tickets qui seront bloqués lors des gels des fins des mois.
  - Il permettra de saisir et mettre à jour les jalons des projets.
  - Il permettra de lancer un algorithme de ventilation des activités sur les ressources. Le résultat sera la construction automatique de la planification des sprints.
  - Il permettra de construire le diagramme de Gantt :
    - Il permettra d'afficher une référence du planning sur ce diagramme. Cette référence doit servir comme accord entre client et chef de projet pour les mesures des écarts.
    - Il doit afficher les jalons sur le Gantt.
- Lorsqu'un projet démarre, le chef de projet dressera la liste de toutes les activités.
  - Dès la signature du contrat, le chef de projet créera tous les tickets dans Kanboard.
  - Le chef de projet saisira sur chaque ticket du projet les dates de début/échéance. Ces dates seront définies avec accord client. Elles représentent le planning de référence du projet et seront utilisées pour identifier les écarts.
  - Le chef de projet définira la compétence demandée pour traiter chacune des activités, cette définition sera sauvegardée pour ventiler correctement les activités sur les ressources.
  - Le chef de projet doit saisir et tenir à jour les jalons du projet pour permettre l'affichage de ces jalons sur le diagramme de Gantt.
- Un Team Backlog contiendra la totalité des tickets de l'équipe tout projet confondu.

- L'équipe travaillera en sprints d'une semaine.
- Au début d'un sprint, un rituel de Sprint Planning sera tenu :
  - Une séance d'estimation sera prévue étalée sur une demi-heure pour estimer les activités des nouveaux projets mais aussi pour réestimer des activités des projets en cours si besoin.
    - L'estimation se fait du haut du backlog vers le bas en ordre décroissant de priorité.
    - L'objectif est de partir estimer ou réestimer le plus profondément possible dans le backlog pour donner le plus de visibilité possible et de précisions sur la planification des sprints et sur la construction du Gantt.
    - L'estimation sera faite exclusivement par les ressources techniques, ces dernières peuvent se baser sur les abaques d'estimations construites par l'équipe. Les chefs de projet ne doivent pas s'impliquer dans ces séances d'estimation.
    - Les estimations des tâches à traiter par des ressources externes à l'équipe seront faites par ces dernières et communiquées par les chefs des projet lors de cette séance lorsqu'on arrive à ce type de tâches en parcourant le Team Backlog.
  - L'algorithme de ventilation des activités sur l'équipe sera activé, la planification des sprints sera mise à jour.
  - Les activités prévues sur le planning des sprints pour le sprint qui démarre seront partagées. Elles décriront ce qui doit se passer dans ce sprint et constitueront le Sprint Backlog. L'équipe en prendra connaissance et se préparera à les dérouler selon les affectations proposées par l'algorithme.
  - Un algorithme construira un diagramme de Gantt en prenant en compte la priorisation des tâches du projet dans le Team Backlog. Cet algorithme doit dynamiquement permettre de reconstruire le Gantt en prenant en compte les modifications sur les paramètres (modifications des tâches, la disponibilité des ressources ou la priorisation dans le Team Backlog). L'algorithme affichera les jalons sur le Gantt. Il sera mis à la disposition des clients.
- Une réunion quotidienne se déroulera et la parole sera cédée à chacun des équipiers. Les chefs de projet ne tiennent la parole que s'ils ont des tâches traitées par des experts externes. L'avancement de ces tâches sur le Kanboard est de la responsabilité des chefs de projet. Chaque membre de l'équipe répondra aux trois questions suivantes : « Qu'est-ce qu'il aura réalisé la journée précédente ? », « Qu'est-ce qu'il voudra réaliser cette journée ? » et « Quels seront

les obstacles rencontrés sur son activité ? ». Cette réunion sera animée par un animateur qui aura comme objectif de tenir le timebox et ne pas laisser la discussion déraper de cette trajectoire de trois questions.
- Quotidiennement en fin de journée, le consommé de chaque membre de l'équipe devra être saisi sur les tickets Kanboard correspondants.
- Un rituel de review sera mis en œuvre à la fin de chaque sprint :
    o Une analyse par projet du Gantt et principalement du respect des jalons sera faite.
    o Une analyse des glissements des tâches par rapport au planning de référence sera faite.
    o Une priorisation du Team Backlog sera à l'ordre du jour. Elle sera animée par le Scrum Master et impliquera les clients et les chefs de projet.
- Un rituel de rétrospective sera fait à chaque fin de sprint.
    o Une partie de la rétrospective sera consacrée à une séance concernant les comparaisons estimations/consommés. Une analyse sera faite toutes les semaines sur les tâches qui seront terminées dans le sprint. Une fois par mois, lors de la rétrospective du dernier sprint du mois, une analyse mensuelle élargie sur les estimations/consommés préconstruite par le PO sera partagée avec l'équipe. Elle ne se limitera pas à une comparaison sur ticket, mais doit porter sur des axes comme : comparaison entre tickets semblables, comparaison par ressources ou type de ressource traitant les tickets, comparaison entre projets.... L'équipe prendra le temps de commenter l'analyse ou la compléter. Elle pourra identifier des actions d'amélioration. Elle pourra décider de compléter et mettre à jour les abaques d'estimation.
    o Le reste de la rétrospective utilisera la technique « Speed Boat » pour réaliser, organiser et orienter la rétrospective.
    o Une seule action d'amélioration sera identifiée et doit être prise en compte dans le (ou les) prochain(s) Sprint(s).

Chapitre 4 - Kanboard

La première étape était de comprendre la plateforme utilisée et de voir les moyens de communiquer avec elle. Je n'avais aucune connaissance du Kanboard. Cependant, il n'était pas difficile de le découvrir. J'ai trouvé le site https://kanboard.org après avoir cherché sur Internet, et la documentation était facile à trouver. Mon aventure commence avec cette documentation.

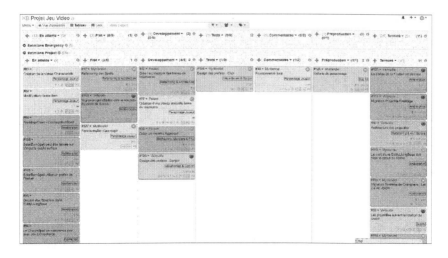

La simplicité de cette plateforme m'a impressionné, mais ce qui m'a le plus intéressé, c'est la limitation de la connectivité. La version Kanboard utilisée par l'équipe n'a pas d'API mature pour faciliter la communication avec des applications externes. Le Guide d'administrateur explique comment utiliser une interface de ligne de commande. L'examen de la documentation qui explique l'utilisation de cette interface m'a révélé un problème. Le lancement des commandes doit se faire sur la machine qui héberge la plateforme. J'étais obligé d'abandonner cette piste car le service informatique de l'entreprise m'avait annoncé que l'accès à cette machine était strictement interdit.

Mes recherches ont finalement abouti à une autre solution : Kanboard a une fonctionnalité d'exportation qui fournit un fichier texte en format CSV. Il était possible de télécharger directement ce fichier sur mon ordinateur. J'ai donc décidé d'utiliser cette fonctionnalité manuelle pour communiquer avec Kanboard.

L'extraction du Kanboard en fichier CSV contient les champs suivants :

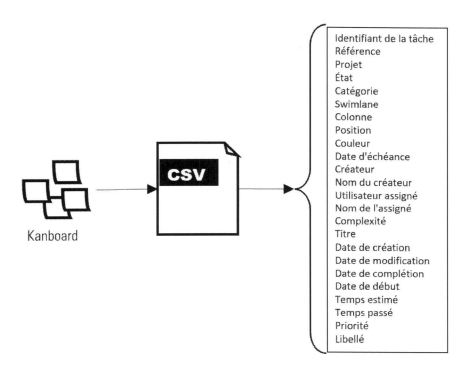

Après analyse, les champs qui m'intéressaient dans cette extraction sont les suivants :

Nom du champ	Contenu du champ
Identifiant de la tâche	Identifiant technique numérique de la tâche. Il est automatiquement généré par Kanboard.

Nom du champ	Contenu du champ
Projet	Contient le Projet Kanboard. Tous les projets de l'équipe sont sous le même projet Kanboard. Ce champ ne sera donc pas utilisé.
État	L'état du ticket : Ouvert/Fermé.
Swimlane	Le regroupement horizontal sur le Kanboard. L'équipe l'utilisait pour regrouper les tickets par projet client. Ce champ contient donc le code du projet client.
Colonne	La colonne du Kanboard dans laquelle réside le ticket.
Date d'échéance	La date attendue de fin des travaux sur le ticket. Cette information n'était pas renseignée systématiquement sur les tickets. Elle était renseignée seulement lorsque le ticket était signalé prioritaire.
Nom du créateur	Le nom du créateur du ticket.
Utilisateur assigné	La personne à laquelle le ticket est actuellement affecté.
Titre	Le titre du ticket.
Date de création	La date de création du ticket. Cette donnée est alimentée automatiquement par Kanboard.
Date de modification	Dernière date de modification du ticket. Cette donnée est alimentée automatiquement par Kanboard.
Date de complétion	Date de clôture du ticket. Cette donnée est alimentée automatiquement par Kanboard.

Nom du champ	Contenu du champ
Date de début	Date prévue du démarrage des travaux sur le ticket si besoin de la saisir.
Temps estimé	Estimation en heures.
Temps passé	Consommé en heures.
Priorité	0 ou 1.

Kanboard demande une date de début et une date de fin lors du lancement de l'extraction. Après cela, il extrait tous les tickets qui ont été créés entre ces deux dates. Chaque ligne de ce fichier est une représentation d'un ticket sur le Kanboard.

Je vais lire les données Kanboard à partir de ce fichier CSV dans Excel. Synchroniser Kanboard et Excel me permettra une meilleure
maîtrise des données et ouvrira de nombreuses options de traitement.
Un développement VBA complétera les fonctionnalités Kanboard manquantes.

Chapitre 5 – Préparation de l'outil

Pour préparer l'infrastructure de la partie numérique du processus, je vais commencer par créer un classeur Excel. Je vais nommer ce classeur "Kanboard.xlsm" et le préparer pour mes travaux.

Dans le projet VBA de ce classeur, je vais ajouter :

- La référence à la librairie "Microsoft Scripting Runtime" qui va m'aider à manipuler des répertoires et des fichiers.
- La référence à la librairie "Microsoft ActiveX Data Objects 6.1 Library" qui va me permettre d'utiliser ADODB pour lancer des requêtes SQL permettant de lire et écrire dans les feuilles Excel du classeur.
- La référence à la librairie "Microsoft Internet Controls" qui va me permettre de travailler avec des instances Internet Explorer.
- La référence à la librairie « Microsoft HTML Object Library » qui va me permettre d'accéder à la structure HTML d'un document d'une instance Internet Explorer.

Je vais supprimer toutes les feuilles de ce classeur en gardant une seule feuille. Cette dernière va être renommée "Board" car elle sera mon tableau de bord ou ma page d'accueil. Je vais initier la couleur de fond de l'ensemble des cellules de la feuille en blanc. Une image va être ajoutée sur cette feuille.

Je vais ajouter dans le projet VBA de ce classeur des modules de mes librairies qui me permettent de faciliter quelques tâches. Ces modules sont les suivants :

Module « Technical_Sheet » :

Ce module contient des procédures qui facilitent le travail avec des feuilles Excel. Plus précisément, il contient les quatre procédures suivantes :

- **DeleteSheet**: Permet de supprimer une feuille en lui envoyant le nom de cette dernière.
- **DeleteSheetThenCreateIt**: Permet de supprimer une feuille puis de la créer en lui envoyant le nom de cette dernière.
- **DeleteSheetThenCreateItHidden**: Permet de supprimer une feuille puis de la créer cachée en lui envoyant le nom de cette dernière.
- **FindSheet**: Permet de chercher dans l'ensemble des feuilles du classeur la feuille dont le nom est passé en paramètre.

Le code est le suivant :

```vb
Module "Technical_Sheet"

Public Sub DeleteSheet(sheetName As String)
  On Error Resume Next
  Application.DisplayAlerts = False
  ThisWorkbook.Sheets(sheetName).Delete
  Application.DisplayAlerts = True
  On Error GoTo 0
End Sub

Public Sub DeleteSheetThenCreateItHidden(sheetName As String)
  Dim theSheet As Worksheet
  DeleteSheetThenCreateIt sheetName
  Set theSheet = ThisWorkbook.Sheets(sheetName)
  TheSheet.Visible = xlSheetHidden
End Sub

Public Sub DeleteSheetThenCreateIt(sheetName As String)
  On Error Resume Next
  ThisWorkbook.Sheets.Add().Name = sheetName & "_"
  Application.DisplayAlerts = False
  ThisWorkbook.Sheets(sheetName).Delete
  Application.DisplayAlerts = True
  On Error GoTo 0
  ThisWorkbook.Sheets(sheetName & "_").Name = sheetName
End Sub

Public Function FindSheet(sheetName As String) As Worksheet
  Dim theSheet As Worksheet

  For Each theSheet In ThisWorkbook.Sheets
    If theSheet.Name = sheetName Then
      Set FindSheet = theSheet
      Exit Function
    End If
  Next
End Function
```

Form « WaitDBForm » :

Ce formulaire permet de créer une boucle d'essais de connexion via ADODB au classeur. Si une requête ADODB trouve le classeur occupé, cette boucle sera appelée. Le formulaire se termine dans l'un des deux cas suivants :

- Si l'un des essais de connexion réussit, la connexion est stockée dans le formulaire et peut donc être récupérée par l'appelant.
- Si l'utilisateur presse sur le bouton "Quit Connection". Dans ce cas, tout le traitement s'arrête.

Ce formulaire a la forme suivante :

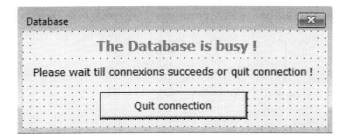

Le bouton "Quit connection" porte le nom "StopButton"

Le code de ce formulaire est le suivant :

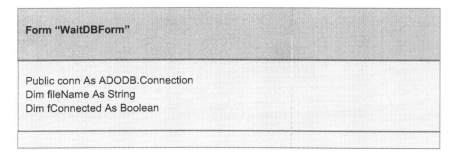

```vb
Public Sub Init(pFilename As String)
  fileName = pFilename
  fConnected = False
End Sub
```

```vb
Private Sub UserForm_activate()
  Dim i As Integer

  While Not fConnected
    For i = 1 To 30000 'wait a moment
      DoEvents
    Next

    TryToConnect
  Wend

  WaitDBForm.Hide
End Sub
```

```vb
Public Sub TryToConnect()
  Dim tConn As ADODB.Connection
  Dim strCon As String

  On Error GoTo TryToConnectError

  Set tConn = New ADODB.Connection

  strCon = "Data Source="
  strCon = strCon & fileName
  strCon = strCon & ";Jet OLEDB:Engine Type=5;"
  strCon = stcCon & "Persist Security Info=False;"

  With tConn
    .Provider = "Microsoft.ACE.OLEDB.12.0"
    .ConnectionString = strCon
    .Open
  End With

  Set conn = tConn
  fConnected = True
  Exit Sub

TryToConnectError:
  fConnected = False
End Sub
```

```
Private Sub StopButton_Click()
    On Error GoTo 0
    WaitDBForm.Hide
    End
End Sub
```

Module « Technical_ADO » :

Ce module contient des procédures et des fonctions qui permettent de communiquer par SQL avec les feuilles Excel. Plus précisément, il contient les cinq procédures et fonctions suivantes :

- **GetConnection** : Fonction qui permet d'ouvrir une connexion ADODB vers le classeur Excel pour permettre de lancer des requêtes SQL vers ses feuilles.
- **CloseConnection** : Procédure qui ferme la connexion vers le classeur qui lui est envoyé en paramètre.
- **LocalRequest** : Fonction qui lance une requête SQL de lecture sur une feuille Excel. La requête est envoyée en paramètre. Les étapes de cette fonction sont les suivantes :
    o Ouvrir la connexion vers le classeur
    o Lancer la requête
    o Remplir le résultat dans un tableau bidimensionnel
    o Fermer la connexion
    o Retourner le tableau résultat à l'appelant
- **LocalInsertOrUpdate** : Procédure qui permet de lancer une requête SQL de mise à jour ou d'ajout d'enregistrement sur une feuille du classeur Excel. La requête lui est envoyée en paramètre. Les étapes de cette procédure sont les suivantes :
    o Ouvrir la connexion vers le classeur
    o Lancer la requête
    o Fermer la connexion
- **LocalRequestInSheet** : Procédure qui permet de lancer une requête SQL de lecture sur une feuille Excel. Le résultat sera directement sauvegardé dans une feuille Excel destination. La requête lui est envoyée en paramètre ainsi que le nom de la feuille cible. A noter que la feuille cible sera nettoyée puis le résultat lui sera consigné. Les étapes de cette procédure sont les suivantes :

- o Ouvrir la connexion vers le classeur
- o Lancer la requête
- o Supprimer la feuille destinataire puis la recréer vierge
- o Remplir les entêtes des colonnes récupérées
- o Remplir le résultat de la requête
- o Fermer la connexion

Le code de ce module est le suivant :

Module "Technical_ADO"

```
Public Function GetConnection() As ADODB.Connection
   Dim conn As ADODB.Connection
   Dim strCon As String

   On Error GoTo OpenConnectionError

   Set conn = New ADODB.Connection

   strCon = "Data Source="
   strCon = strCon & ThisWorkbook.Path & "\" & ThisWorkbook.Name
   strCon = strCon & ";Extended Properties=Excel12.0;"

   With conn
     .Provider = "Microsoft.ACE.OLEDB.12.0"
     .ConnectionString = strCon
     .Open
   End With

   Set GetConnection = conn

   On Error GoTo 0
   Exit Function

OpenConnectionError:
   On Error GoTo 0

   WaitDBForm.Init ThisWorkbook.Path & "\" & ThisWorkbook.Name
   WaitDBForm.Show
   Set GetConnection = WaitDBForm.conn
End Function
```

```vb
Public Sub CloseConnection(conn As ADODB.Connection)
    On Error GoTo CloseConnectionError

    conn.Close
    Set conn = Nothing
    On Error GoTo 0
    Exit Function

CloseConnectionError:
    On Error GoTo 0
End Sub
```

```vb
Public Function LocalRequest(txtSQL As String) As String()
    Dim conn As ADODB.Connection
    Dim rst As ADODB.Recordset
    Dim x As Long
    Dim result() As String
    Dim j As Integer
    Dim i As Integer

    Set conn = GetConnection()
    Set rst = conn.Execute(txtSQL)

    x = rst.Fields.Count
    ReDim result(x, 0)

    j = 1
    While Not rst.EOF
        ReDim Preserve result(x, j)
        For i = 1 To x
            If IsNull(rst.Fields(i - 1)) Then
                result(i, j) = ""
            Else
                result(i, j) = rst.Fields(i - 1)
            End If
        Next
        rst.MoveNext
        j = j + 1
    Wend
    rst.Close
    Set rst = Nothing
    CloseConnection conn

    LocalRequest = result
End Function
```

```
Public Sub LocalInsertOrUpdate(txtSQL As String)
    Dim conn As ADODB.Connection

    Set conn = GetConnection()
    conn.Execute txtSQL
    CloseConnection conn
End Sub
```

```
Public Sub LocalRequestInSheet(txtSQL As String, feuilleDest As String)
    Dim conn As ADODB.Connection
    Dim rst As ADODB.Recordset
    Dim i As Integer
    Dim theSheet as Worksheet

    Set conn = GetConnection()
    Set rst = conn.Execute(txtSQL)

    'if sheet extraction exists, delete it then recreate it
    DeleteSheetThenCreateItHidden feuilleDest

    Set theSheet = ThisWorkbook.Sheets(feuilleDest)

    'Write Columns headers
    For i = 0 To rst.Fields.Count - 1
        theSheet.Cells(1, i + 1) = rst.Fields(i).Name
    Next i

    'Write the request result in cell A2
    theSheet.Range("A2").CopyFromRecordset rst

    rst.Close
    Set rst = Nothing

    CloseConnection conn
End Sub
```

Préparation de tables de données :

Pour compléter l'initialisation de l'outil, je vais créer les feuilles Excel suivantes :

1. **DB_Extractions** : Cette table contiendra la signature des extractions chargées. Elle permettra de savoir si une extraction est déjà chargée pour ne pas permettre un double chargement. Elle contiendra les données suivantes à saisir sur la première ligne à partir de la première colonne :
    o theDate : cette colonne contiendra les dates des chargements
    o Reference : cette colonne contiendra la référence du chargement. Elle aura le format "PR-<date du fichier format yyyymmdd>-<heure du fichier format hhnnss>"

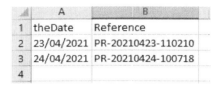

2. **Projects** : Cette table contiendra la liste des projets lus du Kanboard. Elle comprendra la donnée suivante à saisir sur la première ligne de la première colonne :
    o projectName: Cette colonne contiendra les noms des projets du Kanboard. Ils sont lus à partir de ce dernier lors des chargements des extractions.

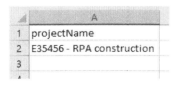

3. **Actors** : Cette table contiendra la liste des personnes affectées aux tâches du Kanboard. Elle sera lue du Kanboard. Cette liste sera enrichie par des données saisies dans Excel. La table contient donc les données suivantes à saisir à partir de la première ligne, première colonne :
    o actorName : Cette colonne contiendra les noms des personnes affectées à des tâches de Kanboard et lus du Kanboard.
    o Role : Cette colonne va permettre de faire un lien entre une personne et un profil.
    o Active : Cette colonne va permettre de déclarer que la personne a quitté l'équipe. Il faut garder cette personne dans la liste pour pouvoir exploiter l'historique des données.

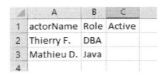

Chapitre 6 – Lecture de l'extraction csv

Cette fonctionnalité permettra une synchronisation entre Excel et Kanboard. L'objectif est d'extraire journalièrement la complétude des données du Kanboard et les charger dans Excel. Lors de chaque chargement, on pourra identifier les modifications faites sur le Kanboard depuis le dernier chargement. Pour raison de taille du classeur, seules ces modifications seront stockées dans Excel. Un rapport dynamique sur ces modifications peut être créé et affiché à chaque chargement.

Lancée quotidiennement, cette fonctionnalité permettra d'identifier rapidement les modifications tout en incrémentant l'historique.

J'extrairais toujours le Kanboard en prenant comme date de début de l'extraction une date sûrement antérieure aux dates de création des tickets les plus anciens. Ceci permettra d'avoir à chaque extraction la complétude des données du Kanboard. Pour la même raison, j'utiliserai toujours une date de fin de l'extraction supérieure à la date du jour. A noter que Kanboard extrait tous les tickets dont la date de création tombe dans ce créneau de début/fin de l'extraction.

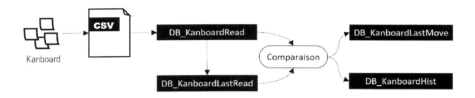

Je vais construire le dispositif suivant :

1. Copier le contenu de la feuille "DB_KanboardRead" dans la feuille "DB_KanboardLastRead"
2. Nettoyer la feuille "DB_KanboardRead"
3. Lire le fichier csv dans la feuille "DB_KanboardRead"
4. Comparer le contenu de la feuille "DB_KanboardRead" avec le contenu de la feuille "DB_KanboardLastRead" qui contient la précédente extraction.
5. Nettoyer la feuille "DB_KanboardLastMove"
6. Consigner la différence entre les deux extractions dans la feuille "DB_KanboardLastMove"
7. Ajouter la différence entre les deux extractions dans la feuille "DB_KanboardHist"

Je vais commencer par construire dans ce classeur un formulaire "MenuForm" qui va contenir le menu pour lancer les différentes fonctionnalités. Je lui ajoute le bouton "Read Kanboard" qui permet de lancer la fonction de lecture de l'extraction CSV du Kanboard.

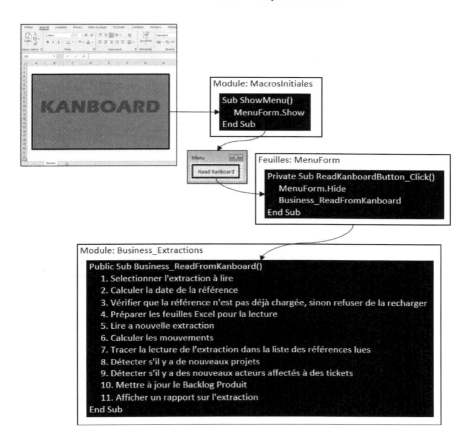

Ensuite je crée un module VBA "MacrosInitiales" dans lequel je crée une macro "ShowMenu". Je crée un lien sur l'image située sur la feuille "Board" du classeur vers la macro "ShowMenu". Cette Macro lance l'affichage du menu représenté par le formulaire "MenuForm". Sur ce menu, j'ajoute un bouton "Read Kanboard" qui permet de cacher le menu puis d'appeler la procédure "Business_ReadFromKanboard".

"Business_ReadFromKanboard" est la procédure qui va gérer et contrôler toute la lecture de l'extraction et l'intégration de ses données dans l'outil. Elle contient les onze étapes suivantes :

1. Sélectionner l'extraction à lire :
   Pour sélectionner le fichier, j'utilise un appel à la fonction native GetOpenFilename. Elle affiche un dialog box qui permet de choisir un fichier.
   Dans le cas où aucun fichier n'est sélectionné, je vais terminer le traitement.

   Le code est donc le suivant :

   ```
   extraction = Application.GetOpenFilename( _
               FileFilter:="CSV Files (*.csv), *.csv", _
               MultiSelect:=False, _
               Title:="Select the Kanboard extraction file")
   If extraction = "Faux" Then Exit Sub
   ```

2. Calculer la date de la référence :
   Pour calculer la date de la référence, j'utilise la librairie "Microsoft Scripting Runtime". Elle me permet d'accéder au fichier et de récupérer la date de sa dernière modification. Cette date est utilisée pour construire la signature de la référence qui respecte le format suivant "PR-<la date de la dernière modification sous le format 'yyyymmdd-hhnnss'>".

   Le code est le suivant :

   ```
   Set fso = New FileSystemObject
   Set theFile = fso.GetFile(extraction)
   theFileDate = theFile.DateLastModified
   reference = "PR-" & Format(theFileDate, "YYYYMMDD-hhnnss")
   ```

3. Vérifier que la référence n'a pas déjà été chargée, sinon refuser de la recharger :
   Pour réaliser cette opération, il faut vérifier si la feuille "DB_Extractions" contient déjà la signature de cette extraction.

Le chemin est le suivant :

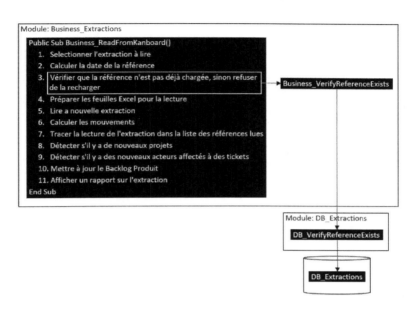

Et le code est le suivant :

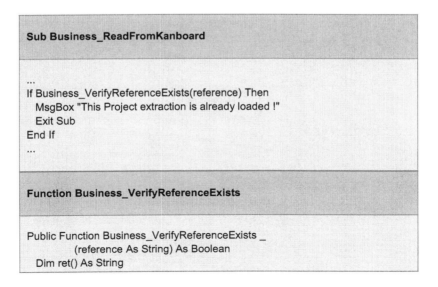

```
  ret = DB_VerifyReferenceExists(reference)
  If CINT(ret(1, 1)) > 0 Then
    Business_VerifyReferenceExists = True
  Else
    Business_VerifyReferenceExists = False
  End If
End Function
```

Function DB_VerifyReferenceExists

```
Public Function DB_VerifyReferenceExists _
       (reference As String) As String()
  Dim sql As String
  Dim ret() As String
  sql = "SELECT COUNT(*) FROM [DB_Extractions$]"
  sql = sql & " WHERE Reference='" & reference & "'"
  ret = LocalRequest(sql)
  DB_VerifyReferenceExists = ret
End Function
```

L'opération lance une requête SQL qui compte le nombre d'occurrences de la signature de l'extraction en question. Si le compte est positif, l'extraction est donc déjà chargée, et l'opération s'arrête après l'avoir signalée à l'utilisateur.

4. Préparer les feuilles Excel pour la lecture :
   Pour réaliser cette opération, il faut suivre la séquence suivante :
   a. Nettoyer la feuille DB_KanboardMove qui va accueillir les nouveaux mouvements.
   b. Si la feuille DB_KanboardRead n'existe pas, cela veut dire que c'est la première fois que l'outil est utilisé :
      Il faut créer les feuilles vierges DB_KanboardRead, DB_KanboardLastRead, DB_KanboardHist et DB_Backlog
   c. Si la feuille DB_KanboardRead existe :
      Copier la feuille DB_KanboardRead sur la feuille DB_KanboardLastRead pour permettre la comparaison de la précédente lecture avec la nouvelle. Ensuite, il faut nettoyer la feuille DB_KanboardRead pour accueillir la nouvelle lecture.

Le chemin est le suivant :

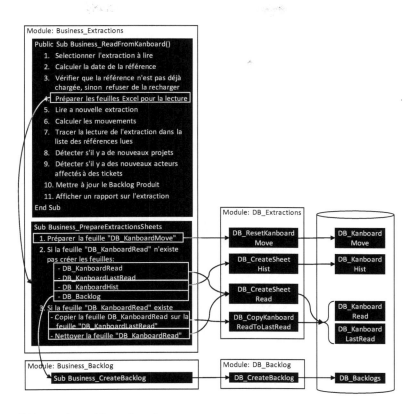

Et le code est le suivant :

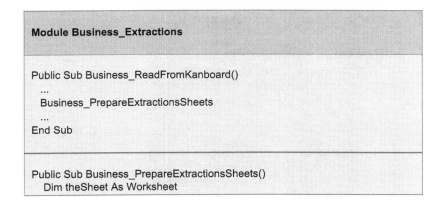

```
  DB_ResetKanboardMove
  Set theSheet = FindSheet("DB_KanboardRead")
  If theSheet Is Nothing Then
    DB_CreateSheetRead "DB_KanboardRead"
    DB_CreateSheetRead "DB_KanboardLastRead"
    DB_CreateSheetHist "DB_KanboardHist"
    Business_CreateBacklog
  Else
    DB_CopyKanboardReadToLastRead
    DB_CreateSheetRead "DB_KanboardRead"
  End If
End Sub
```

Module Business_Backlog

```
Public Sub Business_CreateBacklog()
  DB_CreateBacklog
End Sub
```

Module DB_Extractions

```
Public Sub DB_ResetKanboardMove()
  Dim theSheet As Worksheet

  DeleteSheetThenCreateItHidden "DB_KanboardMove"
  Set theSheet = ThisWorkbook.Sheets("DB_KanboardMove")
  DoEvents
  theSheet.Cells(1, 1).Value = "Movement"
  theSheet.Cells(1, 2).Value = "Reference"
  theSheet.Cells(1, 3).Value = "Identifiant de la tâche"
  theSheet.Cells(1, 4).Value = "Référence"
  theSheet.Cells(1, 5).Value = "Projet"
  theSheet.Cells(1, 6).Value = "État"
  theSheet.Cells(1, 7).Value = "Catégorie"
  theSheet.Cells(1, 8).Value = "Swimlane"
  theSheet.Cells(1, 9).Value = "Colonne"
  theSheet.Cells(1, 10).Value = "Position"
  theSheet.Cells(1, 11).Value = "Couleur"
  theSheet.Cells(1, 12).Value = "Date d'échéance"
  theSheet.Cells(1, 13).Value = "Créateur"
  theSheet.Cells(1, 14).Value = "Nom du créateur"
  theSheet.Cells(1, 15).Value = "Utilisateur assigné"
  theSheet.Cells(1, 16).Value = "Nom de l'assigné"
  theSheet.Cells(1, 17).Value = "Complexité"
  theSheet.Cells(1, 18).Value = "Titre"
```

```vba
    theSheet.Cells(1, 19).Value = "Date de création"
    theSheet.Cells(1, 20).Value = "Date de modification"
    theSheet.Cells(1, 21).Value = "Date de complétion"
    theSheet.Cells(1, 22).Value = "Date de début"
    theSheet.Cells(1, 23).Value = "Temps estimé"
    theSheet.Cells(1, 24).Value = "Temps passé"
    theSheet.Cells(1, 25).Value = "Priorité"
    theSheet.Cells(1, 26).Value = "Libellés"
End Sub
```

```vba
Public Sub DB_CreateSheetRead(sheetName As String)
    Dim theSheet As Worksheet
    DeleteSheetThenCreateItHidden sheetName
    Set theSheet = ThisWorkbook.Sheets(sheetName)
    theSheet.Cells(1, 1).Value = "Reference"
    theSheet.Cells(1, 2).Value = "Identifiant de la tâche"
    theSheet.Cells(1, 3).Value = "Référence"
    theSheet.Cells(1, 4).Value = "Projet"
    theSheet.Cells(1, 5).Value = "État"
    theSheet.Cells(1, 6).Value = "Catégorie"
    theSheet.Cells(1, 7).Value = "Swimlane"
    theSheet.Cells(1, 8).Value = "Colonne"
    theSheet.Cells(1, 9).Value = "Position"
    theSheet.Cells(1, 10).Value = "Couleur"
    theSheet.Cells(1, 11).Value = "Date d'échéance"
    theSheet.Cells(1, 12).Value = "Créateur"
    theSheet.Cells(1, 13).Value = "Nom du créateur"
    theSheet.Cells(1, 14).Value = "Utilisateur assigné"
    theSheet.Cells(1, 15).Value = "Nom de l'assigné"
    theSheet.Cells(1, 16).Value = "Complexité"
    theSheet.Cells(1, 17).Value = "Titre"
    theSheet.Cells(1, 18).Value = "Date de création"
    theSheet.Cells(1, 19).Value = "Date de modification"
    theSheet.Cells(1, 20).Value = "Date de complétion"
    theSheet.Cells(1, 21).Value = "Date de début"
    theSheet.Cells(1, 22).Value = "Temps estimé"
    theSheet.Cells(1, 23).Value = "Temps passé"
    theSheet.Cells(1, 24).Value = "Priorité"
    theSheet.Cells(1, 25).Value = "Libellés"
End Sub
```

```vba
Public Sub DB_CreateSheetHist(sheetName As String)
    Dim theSheet As Worksheet

    DeleteSheetThenCreateItHidden sheetName
    Set theSheet = ThisWorkbook.Sheets(sheetName)
    theSheet.Cells(1, 1).Value = "Movement"
    theSheet.Cells(1, 2).Value = "Reference"
```

```vb
    theSheet.Cells(1, 3).Value = "Identifiant de la tâche"
    theSheet.Cells(1, 4).Value = "Référence"
    theSheet.Cells(1, 5).Value = "Projet"
    theSheet.Cells(1, 6).Value = "État"
    theSheet.Cells(1, 7).Value = "Catégorie"
    theSheet.Cells(1, 8).Value = "Swimlane"
    theSheet.Cells(1, 9).Value = "Colonne"
    theSheet.Cells(1, 10).Value = "Position"
    theSheet.Cells(1, 11).Value = "Couleur"
    theSheet.Cells(1, 12).Value = "Date d'échéance"
    theSheet.Cells(1, 13).Value = "Créateur"
    theSheet.Cells(1, 14).Value = "Nom du créateur"
    theSheet.Cells(1, 15).Value = "Utilisateur assigné"
    theSheet.Cells(1, 16).Value = "Nom de l'assigné"
    theSheet.Cells(1, 17).Value = "Complexité"
    theSheet.Cells(1, 18).Value = "Titre"
    theSheet.Cells(1, 19).Value = "Date de création"
    theSheet.Cells(1, 20).Value = "Date de modification"
    theSheet.Cells(1, 21).Value = "Date de complétion"
    theSheet.Cells(1, 22).Value = "Date de début"
    theSheet.Cells(1, 23).Value = "Temps estimé"
    theSheet.Cells(1, 24).Value = "Temps passé"
    theSheet.Cells(1, 25).Value = "Priorité"
    theSheet.Cells(1, 26).Value = "Libellés"
End Sub


Public Sub DB_CopyKanboardReadToLastRead()
    Dim theSheet As Worksheet
    Set theSheet = ThisWorkbook.Sheets("DB_KanboardRead")
    DeleteSheet "DB_KanboardLastRead"
    theSheet.Name = "DB_KanboardLastRead"
End Sub
```

Module DB_Backlog

```vb
Public Sub DB_CreateBacklog()
    Dim theSheet As Worksheet

    DeleteSheetThenCreateItHidden "DB_Backlog"
    Set theSheet = ThisWorkbook.Sheets("DB_Backlog")
    theSheet.Cells(1, 1).Value = "Identifiant de la tâche"
    theSheet.Cells(1, 2).Value = "Titre"
    theSheet.Cells(1, 3).Value = "Swimlane"
    theSheet.Cells(1, 4).Value = "Colonne"
    theSheet.Cells(1, 5).Value = "Nom de l'assigné"
    theSheet.Cells(1, 6).Value = "Date de début"
    theSheet.Cells(1, 7).Value = "Temps estimé"
```

```
            theSheet.Cells(1, 8).Value = "Temps passé"
            theSheet.Cells(1, 9).Value = "Ordre"
        End Sub
```

5. Lire la nouvelle extraction :
   Pour réaliser cette opération, j'utilise la librairie "Microsoft Scripting Runtime" pour accéder au fichier et lire son contenu.

   La lecture se fait ligne par ligne. Pour chaque ligne lue, il faut séparer les champs. Le séparateur défini par l'extraction est la virgule. Pour ne pas mélanger les virgules séparatrices avec les virgules qui peuvent être contenues dans les chaînes de caractères des données, une fonction est appliquée sur la ligne. Cette fonction s'appelle CorrectTheLine. Elle permet de séparer les deux types de virgules.

   À la suite de cette séparation, je peux extraire les champs de la ligne pour les sauvegarder dans les colonnes de la feuille DB_KanboardRead. La signature de la référence est insérée sur chaque ligne pour laisser la possibilité de s'assurer que l'extraction a été lue correctement et de faire des vérifications.

   Le chemin est le suivant :

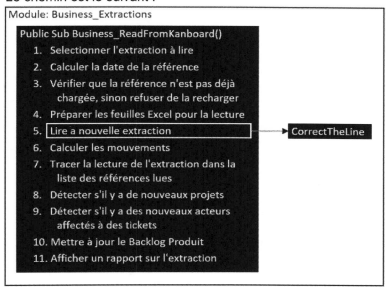

Et le code est le suivant :

```
Module Business_Extractions

Public Sub Business_ReadFromKanboard()
  ...
  Set fso = CreateObject("Scripting.FileSystemObject")
  Dim s As TextStream
  Set s = fso.OpenTextFile(extraction)

  ln = 1
  Do While Not s.AtEndOfStream
    DoEvents
    lineFromFile = s.ReadLine
    lineFromFile = CorrectTheLine(lineFromFile)
    If ln <> 1 Then
      lineItems = Split(lineFromFile, "|")

      theSheet.Cells(ln, 1).Value = reference
      For i = 0 To UBound(lineItems)
        lineItems(i) = "" & lineItems(i)
        theSheet.Cells(ln, i + 2).Value = lineItems(i)
      Next
    End If
    ln = ln + 1
  Loop

  s.Close
  ...
End Sub
```

```
Public Function CorrectTheLine(ln As String) As String
  Dim i As Integer
  Dim openStr As Boolean
  Dim result As String
  Dim theChar As String

  openStr = False
  theChar = ""
  result = ""

  For i = 1 To Len(ln) + 1
```

```
    theChar = Mid(In, i, 1)
    If theChar = """" Then
        openStr = Not openStr
    Else
        If Not openStr Then
            If theChar = "," Then theChar = "|"
        End If
    End If
    result = result + theChar
Next

result = Replace(result, """", "")

CorrectTheLine = result
End Function
```

6. Calculer les mouvements :
   Pour réaliser cette opération, je la divise en trois étapes :

   - Identifier les tâches ajoutées dans la nouvelle extraction par rapport à l'ancienne. Pour cela, je vais utiliser une requête SQL pour comparer le contenu des deux feuilles DB_KanboardRead et DB_KanboardLastRead. Cette requête doit fournir la liste des tâches qui sont dans DB_KanboardRead et qui n'existent pas dans DB_KanboardLastRead. Cette comparaison se base sur l'identifiant unique des tâches fourni par Kanboard. Ensuite ce résultat est inséré dans les deux feuilles DB_KaboardMove et DB_KanboardHist avec pour chaque ligne une valeur "Added" dans la colonne "Movements" qui indique que ces tâches ont été ajoutées.

   - Identifier les tâches supprimées dans la nouvelle extraction par rapport à l'ancienne. Pour cela, je vais également utiliser une requête SQL pour comparer le contenu des deux feuilles DB_KanboardRead et DB_KanboardLastRead. Cette requête doit fournir la liste des tâches qui existent dans DB_KanboardLastRead et qui ne sont plus présentes dans DB_KanboardRead. Cette comparaison se base sur l'identifiant unique des tâches fourni par Kanboard. Ensuite ce résultat est inséré dans les deux feuilles DB_KaboardMove et DB_KanboardHist avec pour chaque ligne une valeur "Deleted" dans la colonne "Movements" qui indique que ces tâches ont été supprimées.

- Identifier les tâches modifiées dans la nouvelle extraction par rapport à l'ancienne. Pour cela, je vais utiliser une requête SQL pour comparer le contenu des deux feuilles DB_KanboardRead et DB_KanboardLastRead. Cette comparaison se base sur l'identifiant unique des tâches fourni par Kanboard. Cette requête doit fournir la liste des tâches qui existent dans ces deux feuilles dont au moins un de leurs champs a été modifié. Pour ces champs modifiés, je vais utiliser le format suivant : "<ancienne valeur> --> <nouvelle valeur>" pour tracer la modification. Ensuite ce résultat est inséré dans les deux feuilles DB_KaboardMove et DB_KanboardHist avec pour chaque ligne une valeur "Modified" dans la colonne "Movements" qui indique que ces tâches ont été modifiées.

À la suite de ces trois étapes, les mêmes modifications sont insérées dans les deux feuilles DB_KanboardMove et DB_KanboardHist. La différence entre les deux feuilles est que la feuille DB_KanboardMove contient seulement les modifications du dernier chargement car elle est toujours nettoyée pour l'accueillir pendant que la feuille DB_KanboardHist cumule toutes les modifications de tous les chargements. On peut facilement identifier un chargement dans cet historique en filtrant sur sa signature contenue dans la colonne "Reference".

Le chemin de ce traitement est le suivant :

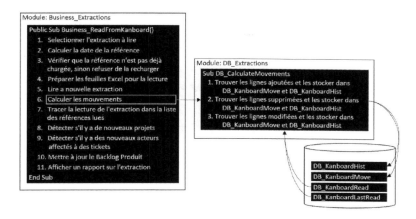

Et le code est le suivant :

```
Module Business_Extractions

Public Sub Business_ReadFromKanboard()
    ...
    DB_CalculateMovements reference
    ...
End Sub

Module DB_Extractions

Public Sub DB_CalculateMovements(reference As String)
    Dim sql As String

    'Added
    '-----
    sql = ""
    sql = sql & "INSERT INTO [DB_KanboardMove$] "
    sql = sql & "SELECT 'Added' AS Movement, a.Reference,"
    sql = sql & "       a.[Identifiant de la tâche], a.Référence,"
    sql = sql & "       a.Projet, a.État, a.Catégorie, a.Swimlane,"
    sql = sql & "       a.Colonne, a.[Position], a.Couleur,"
    sql = sql & "       a.[Date d'échéance], a.Créateur,"
```

```
sql = sql & "        a.[Nom du créateur], a.[Utilisateur assigné],"
sql = sql & "        a.[Nom de l'assigné], a.Complexité, a.Titre,"
sql = sql & "        a.[Date de création], a.[Date de modification],"
sql = sql & "        a.[Date de complétion], a.[Date de début],"
sql = sql & "        a.[Temps estimé], a.[Temps passé], a.Priorité,"
sql = sql & "        a.Libellés "
sql = sql & " FROM [DB_KanboardRead$] AS a "
sql = sql & " LEFT OUTER JOIN [DB_KanboardLastRead$] AS b "
sql = sql & "    ON a.[Identifiant de la tâche] = "
sql = sql & "       b.[Identifiant de la tâche]"
sql = sql & " WHERE b.[Identifiant de la tâche] IS NULL "
LocalInsertOrUpdate sql

sql = ""
sql = sql & "INSERT INTO [DB_KanboardHist$] "
sql = sql & "SELECT 'Added' AS Movement, a.Reference,"
sql = sql & "        a.[Identifiant de la tâche], a.Référence,"
sql = sql & "        a.Projet, a.État, a.Catégorie, a.Swimlane,"
sql = sql & "        a.Colonne, a.[Position], a.Couleur,"
sql = sql & "        a.[Date d'échéance], a.Créateur,"
sql = sql & "        a.[Nom du créateur], a.[Utilisateur assigné],"
sql = sql & "        a.[Nom de l'assigné], a.Complexité, a.Titre,"
sql = sql & "        a.[Date de création], a.[Date de modification],"
sql = sql & "        a.[Date de complétion], a.[Date de début],"
sql = sql & "        a.[Temps estimé], a.[Temps passé], a.Priorité,"
sql = sql & "        a.Libellés "
sql = sql & " FROM [DB_KanboardRead$] AS a "
sql = sql & " LEFT OUTER JOIN [DB_KanboardLastRead$] AS b "
sql = sql & "    ON a.[Identifiant de la tâche] = "
sql = sql & "       b.[Identifiant de la tâche]"
sql = sql & "WHERE b.[Identifiant de la tâche] IS NULL"
LocalInsertOrUpdate sql

'Deleted
'-------
sql = ""
sql = sql & "INSERT INTO [DB_KanboardMove$] "
sql = sql & "SELECT 'Deleted' AS Movement, b.Reference,"
sql = sql & "        b.[Identifiant de la tâche], b.Référence,"
sql = sql & "        b.Projet, a.État, a.Catégorie, a.Swimlane,"
sql = sql & "        a.Colonne, a.[Position],"
sql = sql & "        b.Couleur, b.[Date d'échéance], b.Créateur,"
sql = sql & "        b.[Nom du créateur], b.[Utilisateur assigné],"
sql = sql & "        b.[Nom de l'assigné], b.Complexité, b.Titre,"
sql = sql & "        b.[Date de création], b.[Date de modification],"
sql = sql & "        b.[Date de complétion], b.[Date de début],"
sql = sql & "        b.[Temps estimé], b.[Temps passé], b.Priorité,"
sql = sql & "        b.Libellés"
sql = sql & " FROM [DB_ KanboardLastRead $] AS b"
sql = sql & " LEFT OUTER JOIN [DB_ KanboardRead $] AS a"
```

```
sql = sql & "    ON a.[Identifiant de la tâche] ="
sql = sql & "        b.[Identifiant de la tâche] "
sql = sql & "WHERE a.[Identifiant de la tâche] IS NULL"
LocalInsertOrUpdate sql

sql = ""
sql = sql & "INSERT INTO [DB_KanboardHist$] "
sql = sql & "SELECT 'Deleted' AS Movement, b.Reference,"
sql = sql & "    b.[Identifiant de la tâche], b.Référence,"
sql = sql & "    b.Projet, a.État, a.Catégorie, a.Swimlane,"
sql = sql & "    a.Colonne, a.[Position],"
sql = sql & "    b.Couleur, b.[Date d'échéance], b.Créateur,"
sql = sql & "    b.[Nom du créateur], b.[Utilisateur assigné],"
sql = sql & "    b.[Nom de l'assigné], b.Complexité, b.Titre,"
sql = sql & "    b.[Date de création], b.[Date de modification],"
sql = sql & "    b.[Date de complétion], b.[Date de début],"
sql = sql & "    b.[Temps estimé], b.[Temps passé], b.Priorité,"
sql = sql & "    b.Libellés"
sql = sql & " FROM [DB_ KanboardLastRead $] AS b"
sql = sql & " LEFT OUTER JOIN [DB_ KanboardRead $] AS a"
sql = sql & "    ON a.[Identifiant de la tâche] ="
sql = sql & "        b.[Identifiant de la tâche] "
sql = sql & "WHERE a.[Identifiant de la tâche] IS NULL"
sql = sql & ""
LocalInsertOrUpdate sql

'Modified
'--------
sql = ""
sql = sql & "INSERT INTO [DB_KanboardMove$] "
sql = sql & "SELECT 'Modified' AS Movement, """ & reference & """"
sql = sql & "    AS Reference,"
sql = sql & "    IIF(a.[Identifiant de la tâche] <>"
sql = sql & "        b.[Identifiant de la tâche],"
sql = sql & "        b.[Identifiant de la tâche] & ' --> '"
sql = sql & "        & a.[Identifiant de la tâche],"
sql = sql & "        b.[Identifiant de la tâche])"
sql = sql & "    AS [Identifiant de la tâche],"
sql = sql & "    IIF(a.Référence <> b.Référence, b.Référence & ' --> '"
sql = sql & "        & a.Référence, b.Référence) AS Référence,"
sql = sql & "    a.Projet AS Projet,"
sql = sql & "    IIF(a.État <> b.État,"
sql = sql & "        b.État & ' --> ' & a.État, b.État) AS État,"
sql = sql & "    IIF(a.Catégorie <> b.Catégorie, b.Catégorie & ' --> '"
sql = sql & "        & a.Catégorie, b.Catégorie) AS Catégorie,"
sql = sql & "    IIF(a.Swimlane <> b.Swimlane, b.Swimlane & ' --> '"
sql = sql & "        & a.Swimlane, b.Swimlane) AS Swimlane,"
sql = sql & "    IIF(a.Colonne <> b.Colonne, b.Colonne & ' --> '"
sql = sql & "        & a.Colonne, b.Colonne) AS Colonne,"
sql = sql & "    a.[Position] AS [Position],"
```

```
sql = sql & "    IIF(a.Couleur <> b.Couleur, b.Couleur & ' --> '"
sql = sql & "    & a.Couleur, b.Couleur) AS Couleur,"
sql = sql & "    IIF(a.[Date d'échéance] <> b.[Date d'échéance],"
sql = sql & "    b.[Date d'échéance] & ' --> ' &"
sql = sql & "    a.[Date d'échéance],"
sql = sql & "    b.[Date d'échéance]) AS [Date d'échéance],"
sql = sql & "    a.Créateur AS Créateur,"
sql = sql & "    IIF(a.[Nom du créateur] <> b.[Nom du créateur],"
sql = sql & "    b.[Nom du créateur] & ' --> ' &"
sql = sql & "    a.[Nom du créateur],"
sql = sql & "    b.[Nom du créateur]) AS [Nom du créateur],"
sql = sql & "    IIF(a.[Utilisateur assigné] <>"
sql = sql & "    b.[Utilisateur assigné],"
sql = sql & "    b.[Utilisateur assigné] & ' --> ' &"
sql = sql & "    a.[Utilisateur assigné], b.[Utilisateur assigné]"
sql = sql & "    ) AS [Utilisateur assigné],"
sql = sql & "    IIF(a.[Nom de l'assigné] <> b.[Nom de l'assigné], "
sql = sql & "    b.[Nom de l'assigné] & ' --> ' &"
sql = sql & "    a.[Nom de l'assigné], "
sql = sql & "    b.[Nom de l'assigné]) AS [Nom de l'assigné], "
sql = sql & "    IIF(a.Complexité<>b.Complexité, b.Complexité & ' --> '"
sql = sql & "    & a.Complexité, b.Complexité) AS Complexité, "
sql = sql & "    IIF(a.Titre <> b.Titre, b.Titre & ' --> ' & a.Titre, "
sql = sql & "    b.Titre) AS Titre, "
sql = sql & "    IIF(a.[Date de création] <> b.[Date de création], "
sql = sql & "    b.[Date de création] & ' --> ' &"
sql = sql & "    a.[Date de création], "
sql = sql & "    b.[Date de création]) AS [Date de création], "
sql = sql & "    IIF(a.[Date de modification] <>"
sql = sql & "    b.[Date de modification], "
sql = sql & "    b.[Date de modification] & ' --> ' &"
sql = sql & "    a.[Date de modification], b.[Date de modification] "
sql = sql & "    ) AS [Date de modification], "
sql = sql & "    IIF(a.[Date de complétion] <> b.[Date de complétion], "
sql = sql & "    b.[Date de complétion] & ' --> ' &"
sql = sql & "    a.[Date de complétion], "
sql = sql & "    b.[Date de complétion]) AS [Date de complétion], "
sql = sql & "    IIF(a.[Date de début] <> b.[Date de début], "
sql = sql & "    b.[Date de début] "
sql = sql & "    & ' --> ' & a.[Date de début], b.[Date de début]) "
sql = sql & "    AS [Date de début], "
sql = sql & "    IIF(a.[Temps estimé] <> b.[Temps estimé], "
sql = sql & "    b.[Temps estimé] "
sql = sql & "    & ' --> ' & a.[Temps estimé], b.[Temps estimé]) "
sql = sql & "    AS [Temps estimé], "
sql = sql & "    IIF(a.[Temps passé] <> b.[Temps passé], "
sql = sql & "    b.[Temps passé] "
sql = sql & "    & ' --> ' & a.[Temps passé], "
sql = sql & "    b.[Temps passé]) AS [Temps passé], "
sql = sql & "    IIF(a.Priorité <> b.Priorité, b.Priorité & ' --> '"
```

```
sql = sql & "        & a.Priorité, b.Priorité) AS Priorité, "
sql = sql & "     IIF(a.Libellés <> b.Libellés, b.Libellés & ' --> '"
sql = sql & "        & a.Libellés, b.Libellés) AS Libellés"
sql = sql & " FROM [DB_KanboardRead$] AS a"
sql = sql & " INNER JOIN [DB_KanboardLastRead$] AS b"
sql = sql & "    ON a.[Identifiant de la tâche] ="
sql = sql & "       b.[Identifiant de la tâche] "
sql = sql & " WHERE a.Référence <> b.Référence"
sql = sql & "    OR a.État <> b.État"
sql = sql & "    OR a.Catégorie <> b.Catégorie"
sql = sql & "    OR a.Swimlane <> b.Swimlane"
sql = sql & "    OR a.Colonne <> b.Colonne"
sql = sql & "    OR a.Couleur <> b.Couleur"
sql = sql & "    OR a.[Date d'échéance] <> b.[Date d'échéance] "
sql = sql & "    OR a.[Utilisateur assigné] <> b.[Utilisateur assigné] "
sql = sql & "    OR a.[Nom de l'assigné] <> b.[Nom de l'assigné] "
sql = sql & "    OR a.Complexité <> b.Complexité"
sql = sql & "    OR a.Titre <> b.Titre"
sql = sql & "    OR a.[Date de création] <> b.[Date de création] "
sql = sql & "    OR a.[Date de modification] <>"
sql = sql & "       b.[Date de modification] "
sql = sql & "    OR a.[Date de complétion] <> b.[Date de complétion] "
sql = sql & "    OR a.[Date de début] <> b.[Date de début] "
sql = sql & "    OR a.[Temps estimé] <> b.[Temps estimé] "
sql = sql & "    OR a.[Temps passé] <> b.[Temps passé] "
sql = sql & "    OR a.Priorité <> b.Priorité"
sql = sql & "    OR a.Libellés <> b.Libellés"
LocalInsertOrUpdate sql

sql = ""
sql = sql & "INSERT INTO [DB_KanboardHist$] "
sql = sql & "SELECT 'Modified' AS Movement, '" & reference & "'"
sql = sql & "       AS Reference, "
sql = sql & "    IIF(a.[Identifiant de la tâche] <>"
sql = sql & "       b.[Identifiant de la tâche], "
sql = sql & "       b.[Identifiant de la tâche] & ' --> '"
sql = sql & "       & a.[Identifiant de la tâche], "
sql = sql & "       b.[Identifiant de la tâche]) "
sql = sql & "       AS [Identifiant de la tâche], "
sql = sql & "    IIF(a.Référence <> b.Référence, b.Référence & ' --> '"
sql = sql & "        & a.Référence, b.Référence) AS Référence, "
sql = sql & "    a.Projet AS Projet, "
sql = sql & "    IIF(a.État <> b.État, b.État & ' --> ' & a.État, "
sql = sql & "       b.État) AS État, "
sql = sql & "    IIF(a.Catégorie <> b.Catégorie, b.Catégorie & ' --> '"
sql = sql & "        & a.Catégorie, b.Catégorie) AS Catégorie, "
sql = sql & "    IIF(a.Swimlane <> b.Swimlane, b.Swimlane & ' --> '"
sql = sql & "        & a.Swimlane, b.Swimlane) AS Swimlane, "
sql = sql & "    IIF(a.Colonne <> b.Colonne, b.Colonne & ' --> '"
sql = sql & "        & a.Colonne, b.Colonne) AS Colonne, "
```

```
sql = sql & "    a.[Position] AS [Position], "
sql = sql & "    IIF(a.Couleur <> b.Couleur, b.Couleur & ' --> '"
sql = sql & "    & a.Couleur, b.Couleur) AS Couleur, "
sql = sql & "    IIF(a.[Date d'échéance] <> b.[Date d'échéance], "
sql = sql & "    b.[Date d'échéance] & ' --> ' &"
sql = sql & "    a.[Date d'échéance], "
sql = sql & "    b.[Date d'échéance]) AS [Date d'échéance], "
sql = sql & "    a.Créateur AS Créateur, "
sql = sql & "    IIF(a.[Nom du créateur] <> b.[Nom du créateur], "
sql = sql & "    b.[Nom du créateur] & ' --> ' &"
sql = sql & "    a.[Nom du créateur], "
sql = sql & "    b.[Nom du créateur]) AS [Nom du créateur], "
sql = sql & "    IIF(a.[Utilisateur assigné] <>"
sql = sql & "    b.[Utilisateur assigné], "
sql = sql & "    b.[Utilisateur assigné] & ' --> ' &"
sql = sql & "    a.[Utilisateur assigné], b.[Utilisateur assigné] "
sql = sql & "    ) AS [Utilisateur assigné], "
sql = sql & "    IIF(a.[Nom de l'assigné] <> b.[Nom de l'assigné], "
sql = sql & "    b.[Nom de l'assigné] & ' --> ' &"
sql = sql & "    a.[Nom de l'assigné], "
sql = sql & "    b.[Nom de l'assigné]) AS [Nom de l'assigné], "
sql = sql & "    IIF(a.Complexité<>b.Complexité, b.Complexité & ' --> '"
sql = sql & "    & a.Complexité, b.Complexité) AS Complexité, "
sql = sql & "    IIF(a.Titre <> b.Titre, b.Titre & ' --> ' & a.Titre, "
sql = sql & "    b.Titre) AS Titre, "
sql = sql & "    IIF(a.[Date de création] <> b.[Date de création], "
sql = sql & "    b.[Date de création] & ' --> ' &"
sql = sql & "    a.[Date de création], "
sql = sql & "    b.[Date de création]) AS [Date de création], "
sql = sql & "    IIF(a.[Date de modification] <>"
sql = sql & "    b.[Date de modification], "
sql = sql & "    b.[Date de modification] & ' --> ' &"
sql = sql & "    a.[Date de modification], b.[Date de modification] "
sql = sql & "    ) AS [Date de modification], "
sql = sql & "    IIF(a.[Date de complétion] <> b.[Date de complétion], "
sql = sql & "    b.[Date de complétion] & ' --> ' &"
sql = sql & "    a.[Date de complétion], "
sql = sql & "    b.[Date de complétion]) AS [Date de complétion], "
sql = sql & "    IIF(a.[Date de début] <> b.[Date de début], "
sql = sql & "    b.[Date de début] &"
sql = sql & "    ' --> ' & a.[Date de début], b.[Date de début]) "
sql = sql & "    AS [Date de début], "
sql = sql & "    IIF(a.[Temps estimé] <> b.[Temps estimé], "
sql = sql & "    b.[Temps estimé] "
sql = sql & "    & ' --> ' & a.[Temps estimé], b.[Temps estimé]) "
sql = sql & "    AS [Temps estimé], "
sql = sql & "    IIF(a.[Temps passé] <> b.[Temps passé], "
sql = sql & "    b.[Temps passé] "
sql = sql & "    & ' --> ' & a.[Temps passé], b.[Temps passé]) "
sql = sql & "    AS [Temps passé], "
```

```
sql = sql & "   IIF(a.Priorité <> b.Priorité, b.Priorité & ' --> '"
sql = sql & "    & a.Priorité, b.Priorité) AS Priorité, "
sql = sql & "   IIF(a.Libellés <> b.Libellés, b.Libellés & ' --> '"
sql = sql & "    & a.Libellés, b.Libellés) AS Libellés"
sql = sql & " FROM [DB_KanboardRead$] AS a"
sql = sql & " INNER JOIN [DB_KanboardLastRead$] AS b"
sql = sql & "   ON a.[Identifiant de la tâche] ="
sql = sql & "      b.[Identifiant de la tâche] "
sql = sql & " WHERE a.Référence <> b.Référence"
sql = sql & "   OR a.État <> b.État"
sql = sql & "   OR a.Catégorie <> b.Catégorie"
sql = sql & "   OR a.Swimlane <> b.Swimlane"
sql = sql & "   OR a.Colonne <> b.Colonne"
sql = sql & "   OR a.Couleur <> b.Couleur"
sql = sql & "   OR a.[Date d'échéance] <> b.[Date d'échéance] "
sql = sql & "   OR a.[Utilisateur assigné] <> b.[Utilisateur assigné] "
sql = sql & "   OR a.[Nom de l'assigné] <> b.[Nom de l'assigné] "
sql = sql & "   OR a.Complexité <> b.Complexité"
sql = sql & "   OR a.Titre <> b.Titre"
sql = sql & "   OR a.[Date de création] <> b.[Date de création] "
sql = sql & "   OR a.[Date de modification] <>"
sql = sql & "      b.[Date de modification] "
sql = sql & "   OR a.[Date de complétion] <> b.[Date de complétion] "
sql = sql & "   OR a.[Date de début] <> b.[Date de début] "
sql = sql & "   OR a.[Temps estimé] <> b.[Temps estimé] "
sql = sql & "   OR a.[Temps passé] <> b.[Temps passé] "
sql = sql & "   OR a.Priorité <> b.Priorité"
sql = sql & "   OR a.Libellés <> b.Libellés"
LocalInsertOrUpdate sql
End Sub
```

7. Tracer la lecture de l'extraction dans la liste des références lues : Pour réaliser cette opération, j'ajoute une ligne dans la feuille "DB_Extractions" représentant l'extraction. Cette ligne est composée des deux champs suivants :
   - La date du jour en format "dd/mm/yyyy"
   - La signature de l'extraction déjà calculée "PR-<la date de la dernière modification du fichier sous le format 'yyyymmdd-hhnnss'>"

Le chemin est le suivant :

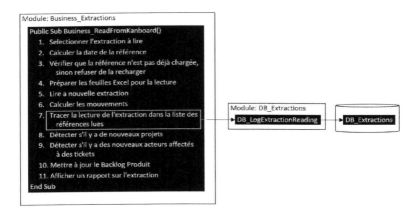

Le code est le suivant :

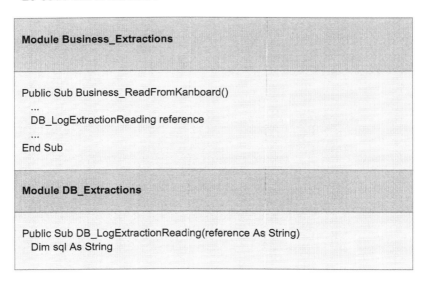

```
sql = ""
sql = sql & "INSERT INTO [DB_Extractions$]"
sql = sql & "        (theDate, Reference)"
sql = sql & "  VALUES ("
sql = sql & "            '" & Format(Now,"DD/MM/YYYY") & "',"
sql = sql & "            '" & reference & "'"
sql = sql & "        )"
LocalInsertOrUpdate sql
End Sub
```

8. Détecter s'il y a de nouveaux projets :
   Je souhaite à chaque nouveau chargement identifier s'il y a de nouveaux projets (Swimlanes) ajoutés sur Kanboard et en alerter l'utilisateur dans le rapport de chargement.
   La feuille "Projects" est prévue pour contenir la liste des projets.

   Pour réaliser cette opération, je vérifie si les projets apparaissant dans DB_KanboardMove sont déjà listés dans la feuille "Projects". Ceux qui ne sont pas trouvés représentent les nouveaux projets apparaissant pour la première fois sur le Kanboard. Ils sont donc ajoutés à la liste de la feuille "Projects" mais aussi à la feuille "NewProjects". Cette dernière, nettoyée pour chaque chargement, ne contient que les nouveaux projets du dernier chargement.

Le chemin est le suivant :

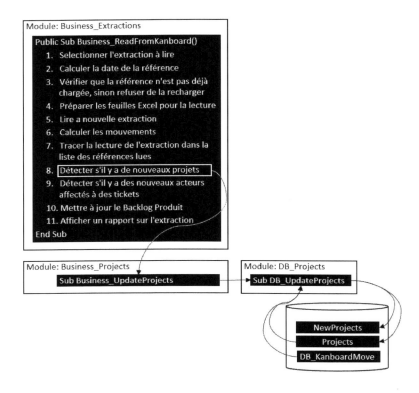

Le code est le suivant :

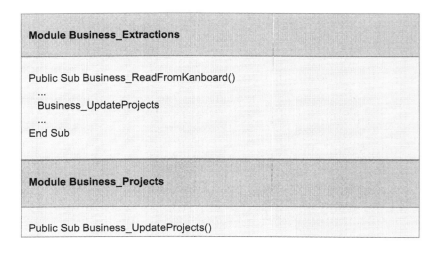

DB_UpdateProjects
End Sub

Module DB_Projects

Public Sub DB_UpdateProjects()
Dim sql As String

DeleteSheetThenCreateItHidden "NewProjects"
ThisWorkbook.Sheets("NewProjects").Cells(1, 1).Value = "projectName"

sql = ""
sql = sql & "INSERT INTO [NewProjects$](projectName) "
sql = sql & "SELECT e.projectName FROM "
sql = sql & "("
sql = sql & " SELECT c.Swimlane AS projectName FROM"
sql = sql & " ("
sql = sql & "   SELECT DISTINCT b.Swimlane FROM"
sql = sql & "   ("
sql = sql & "   SELECT IIF"
sql = sql & "   ("
sql = sql & "   INSTR(a.Swimlane,' --> ')=0, a.Swimlane,"
sql = sql & "   right(a.Swimlane,"
sql = sql & "   len(a.Swimlane) -"
sql = sql & "   (INSTR(a.Swimlane, ' --> ')+4))"
sql = sql & "   ) AS Swimlane"
sql = sql & "   FROM [DB_KanboardMove$] AS a"
sql = sql & "   WHERE a.Swimlane IS NOT NULL"
sql = sql & "   ) AS b"
sql = sql & ") AS c"
sql = sql & " LEFT OUTER JOIN [Projects$] AS d"
sql = sql & " ON c.Swimlane = d.projectName"
sql = sql & " WHERE d.projectName IS NULL"
sql = sql & ") AS e"

LocalInsertOrUpdate sql

sql = ""
sql = sql & "INSERT INTO [Projects$](projectName) "
sql = sql & "SELECT e.projectName FROM"
sql = sql & "("
sql = sql & " SELECT c.Swimlane AS projectName FROM"
sql = sql & " ("
sql = sql & "   SELECT DISTINCT b.Swimlane FROM"
sql = sql & "   ("
sql = sql & "   SELECT IIF"
sql = sql & "   ("
sql = sql & "   INSTR(a.Swimlane, ' --> ') = 0,"

```
    sql = sql & "         a.Swimlane,"
    sql = sql & "         right(a.Swimlane, len(a.Swimlane)-"
    sql = sql & "         (INSTR(a.Swimlane, ' --> ')+4)"
    sql = sql & "         )"
    sql = sql & "       ) AS Swimlane"
    sql = sql & "       FROM [DB_KanboardMove$] AS a"
    sql = sql & "       WHERE a.Swimlane IS NOT NULL"
    sql = sql & "     ) AS b"
    sql = sql & "   ) AS c"
    sql = sql & " LEFT OUTER JOIN [Projects$] AS d"
    sql = sql & " ON c.Swimlane = d.projectName"
    sql = sql & " WHERE d.projectName IS NULL"
    sql = sql & ") AS e"
    LocalInsertOrUpdate sql
End Sub
```

9. Détecter s'il y a des nouveaux acteurs affectés à des tickets :
   Je souhaite à chaque nouveau chargement identifier s'il y a de nouveaux acteurs qui n'étaient pas identifiés dans le passé et qui viennent d'apparaître affectés à des tâches sur le Kanboard. L'objectif est d'en informer l'utilisateur de l'outil dans le rapport de chargement.
   La feuille "Actors" est prévue pour contenir la liste des acteurs.

   Pour réaliser cette opération, je vérifie si les acteurs apparaissant dans DB_KanboardMove sont déjà listés dans la feuille "Actors". Ceux qui ne s'y trouvent pas représentent les nouveaux acteurs apparaissant affectés pour la première fois sur le Kanboard. Ces nouveaux acteurs sont donc ajoutés à la liste de la feuille "Actors" mais aussi à la feuille "NewActors". Cette dernière, nettoyée pour chaque chargement, ne contient que les nouveaux acteurs du dernier chargement.

Le chemin est le suivant :

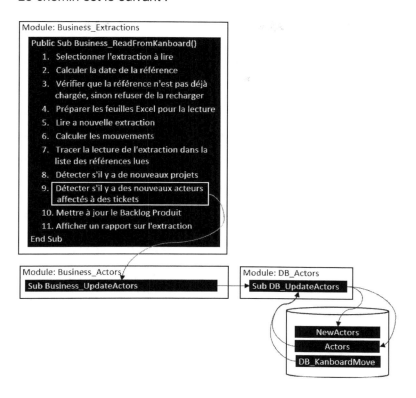

Le code est le suivant :

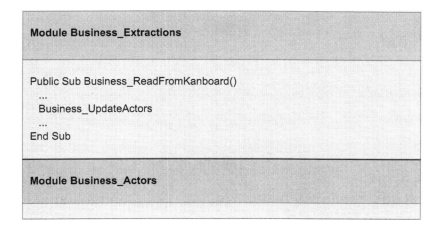

```vb
Public Sub Business_UpdateActors()
    DB_UpdateActors
End Sub
```

Module DB_Actors

```vb
Public Sub DB_UpdateActors()
    Dim sql As String
    DeleteSheetThenCreateItHidden "NewActors"
    ThisWorkbook.Sheets("NewActors").Cells(1, 1).Value = "actorName"

    sql = ""
    sql = sql & "INSERT INTO [NewActors$](actorName) "
    sql = sql & "SELECT e.actorName"
    sql = sql & "FROM"
    sql = sql & "("
    sql = sql & "  SELECT c.[Nom de l'assigné] AS actorName"
    sql = sql & "  FROM"
    sql = sql & "  ("
    sql = sql & "    SELECT f.[Nom de l'assigné]"
    sql = sql & "    FROM"
    sql = sql & "    ("
    sql = sql & "      SELECT DISTINCT b.[Nom de l'assigné]"
    sql = sql & "      FROM"
    sql = sql & "      ("
    sql = sql & "        SELECT IIF"
    sql = sql & "        ("
    sql = sql & "          INSTR(a.[Nom de l'assigné], ' --> ') = 0,"
    sql = sql & "             a.[Nom de l'assigné],"
    sql = sql & "             TRIM(RIGHT(a.[Nom de l'assigné],"
    sql = sql & "             LEN(a.[Nom de l'assigné]) - "
    sql = sql & "             (INSTR(a.[Nom de l'assigné],"
    sql = sql & "             ' --> ')+2))"
    sql = sql & "        )"
    sql = sql & "        ) AS [Nom de l'assigné]"
    sql = sql & "        FROM [DB_KanboardMove$] AS a "
    sql = sql & "        WHERE a.[Nom de l'assigné] IS NOT NULL "
    sql = sql & "      ) AS b "
    sql = sql & "    ) AS f "
    sql = sql & "    WHERE f.[Nom de l'assigné] <> "" "
    sql = sql & "  ) AS c "
    sql = sql & "  LEFT OUTER JOIN [Actors$] AS d "
    sql = sql & "  ON c.[Nom de l'assigné] = d.actorName "
    sql = sql & ") AS e "
    LocalInsertOrUpdate sql

    sql = ""
    sql = sql & "INSERT INTO [Actors$](actorName) "
```

```
sql = sql & "SELECT e.actorName FROM"
sql = sql & "("
sql = sql & " SELECT c.[Nom de l'assigné] AS actorName"
sql = sql & " FROM"
sql = sql & " ("
sql = sql & "   SELECT f.[Nom de l'assigné]"
sql = sql & "   FROM"
sql = sql & "   ("
sql = sql & "     SELECT DISTINCT b.[Nom de l'assigné]"
sql = sql & "     FROM"
sql = sql & "     ("
sql = sql & "       SELECT IIF"
sql = sql & "       ("
sql = sql & "         INSTR(a.[Nom de l'assigné], ' --> ') = 0,"
sql = sql & "         a.[Nom de l'assigné],"
sql = sql & "         TRIM(RIGHT(a.[Nom de l'assigné],"
sql = sql & "         LEN(a.[Nom de l'assigné]) -"
sql = sql & "         (INSTR(a.[Nom de l'assigné],"
sql = sql & "         ' --> ')+2))"
sql = sql & "       )"
sql = sql & "       ) AS [Nom de l'assigné]"
sql = sql & "       FROM [DB_KanboardMove$] AS a"
sql = sql & "       WHERE a.[Nom de l'assigné] IS NOT NULL"
sql = sql & "     ) AS b"
sql = sql & "   ) AS f"
sql = sql & "   WHERE f.[Nom de l'assigné] <> """
sql = sql & " ) AS c"
sql = sql & " LEFT OUTER JOIN [Actors$] AS d"
sql = sql & " ON c.[Nom de l'assigné] = d.actorName"
sql = sql & ") AS e"
LocalInsertOrUpdate sql
End Sub
```

10. Mettre à jour le backlog produit :
    Cette étape sera détaillée dans le « chapitre 8 – Backlog Produit ».
    Il est important de savoir qu'un backlog produit est essentiel pour un projet en agilité. On ne peut pas dire que l'équipe avait un backlog représenté par le contenu du Kanboard car il n'était pas suffisant en tant que backlog. Il ne permettait pas à titre d'exemple de prioriser ou d'affiner les tâches.

11. Afficher un rapport sur l'extraction :
    Cette étape termine l'opération du chargement de l'extraction du Kanboard. Elle permet d'afficher un rapport sur les modifications identifiées sur cette nouvelle extraction par rapport à la précédente. Ce rapport contient la liste des modifications subies par les tâches, la liste des nouveaux projets déclarés sur le Kanboard et la liste des nouveaux acteurs affectés à des tâches. L'objectif est d'informer les utilisateurs des nouveautés identifiées sur cette extraction.

    Je commence par ajouter un formulaire "LastMovementsForm"

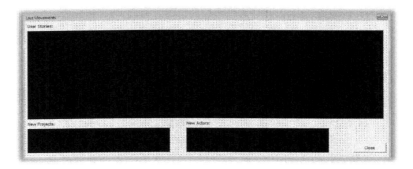

    Sur ce formulaire, je positionne trois contrôles WebBrowsers:
    - Le premier contiendra la liste des tâches qui ont subi des modifications. Cette liste provient de la feuille DB_KanboardMove.
    - Le deuxième contiendra la liste des nouveaux projets identifiés sur la dernière extraction. Cette liste provient de la feuille NewProjects.
    - Le troisième contiendra la liste des nouveaux acteurs affectés à des tâches du Kanboard identifiées sur la dernière extraction. Cette liste provient de la feuille NewActors.

Le chemin est le suivant :

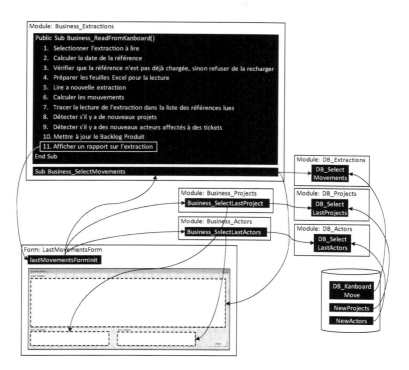

Le code est le suivant :

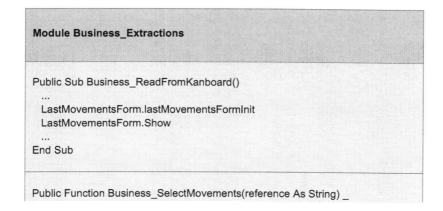

```vb
                              As String()
    Business_SelectMovements = DB_SelectMovements(reference)
End Function
```

Feuille LastMovementsForm

```vb
Public Sub lastMovementsFormInit(Optional reference As String = "")
    Dim theHtml As String
    Dim movements() As String
    Dim i As Integer
    Dim projects() As String
    Dim actors() As String


    'Movements
    '---------
    WebBrowser1.Navigate ("about:blank")
    DoEvents

    theHtml = ""
    theHtml = theHtml & "<table border=1><tr style='font-size:11px;'>"
    theHtml = theHtml & "<td nowrap>Movement</td>"
    theHtml = theHtml & "<td nowrap>Id</td>"
    theHtml = theHtml & "<td nowrap>Swimlane</td>"
    theHtml = theHtml & "<td nowrap>Colonne</td>"
    theHtml = theHtml & "<td nowrap>Couleur</td>"
    theHtml = theHtml & "<td nowrap>Date d'échéance</td>"
    theHtml = theHtml & "<td nowrap>Nom du créateur</td>"
    theHtml = theHtml & "<td nowrap>Nom de l'assigné</td>"
    theHtml = theHtml & "<td nowrap>Titre</td>"
    theHtml = theHtml & "<td nowrap>Date de création</td>"
    theHtml = theHtml & "<td nowrap>Date de modification</td>"
    theHtml = theHtml & "<td nowrap>Date de début</td>"
    theHtml = theHtml & "<td nowrap>Temps estimé</td>"
    theHtml = theHtml & "<td nowrap>Temps passé</td>"
    theHtml = theHtml & "<td nowrap>Libellés</td>"

    movements = Business_SelectMovements(reference)

    Dim s() As String

    For i = 1 To UBound(movements, 2)
        DoEvents

        theHtml = theHtml & "<tr style='font-size:11px;'>"
        theHtml = theHtml & "<td>" & movements(1, i) & "</td>"
        theHtml = theHtml & "<td>" & movements(3, i) & "</td>"
        theHtml = theHtml & "<td nowrap" & _
```

```
      IIf(InStr(movements(8, i), " --> ") = 0, "", " bgcolor=#FF0000'") _
      & ">" & movements(8, i) & "</td>"
    theHtml = theHtml & "<td nowrap" & _
      IIf(InStr(movements(9, i), " --> ") = 0, "", " bgcolor=#FF0000'") _
      & ">" & movements(9, i) & "</td>"
    theHtml = theHtml & "<td nowrap" & _
      IIf(InStr(movements(11, i), " --> ") = 0, "", " bgcolor=#FF0000'") _
      & ">" & movements(11, i) & "</td>"
    theHtml = theHtml & "<td nowrap" & _
      IIf(InStr(movements(12, i), " --> ") = 0, "", " bgcolor=#FF0000'") _
      & ">" & movements(12, i) & "</td>"
    theHtml = theHtml & "<td nowrap" & _
      IIf(InStr(movements(14, i), " --> ") = 0, "", " bgcolor=#FF0000'") _
      & ">" & movements(14, i) & "</td>"
    theHtml = theHtml & "<td nowrap" & _
      IIf(InStr(movements(16, i), " --> ") = 0, "", " bgcolor=#FF0000'") _
      & ">" & movements(16, i) & "</td>"
    theHtml = theHtml & "<td nowrap" & _
      IIf(InStr(movements(18, i), " --> ") = 0, "", " bgcolor=#FF0000'") _
      & ">" & movements(18, i) & "</td>"
    theHtml = theHtml & "<td nowrap" & _
      IIf(InStr(movements(19, i), " --> ") = 0, "", " bgcolor=#FF0000'") _
      & ">" & movements(19, i) & "</td>"
    s = Split(movements(20, i), " --> ")
    theHtml = theHtml & "<td nowrap" & s(UBound(s)) & "</td>"
    theHtml = theHtml & "<td nowrap" & _
      IIf(InStr(movements(22, i), " --> ") = 0, "", " bgcolor=#FF0000'") _
      & ">" & movements(22, i) & "</td>"
    theHtml = theHtml & "<td nowrap" & _
      IIf(InStr(movements(23, i), " --> ") = 0, "", " bgcolor=#FF0000'") _
      & ">" & movements(23, i) & "</td>"
    theHtml = theHtml & "<td nowrap" & _
      IIf(InStr(movements(24, i), " --> ") = 0, "", " bgcolor=#FF0000'") _
      & ">" & movements(24, i) & "</td>"
    theHtml = theHtml & "<td nowrap" & _
      IIf(InStr(movements(26, i), " --> ") = 0, "", " bgcolor=#FF0000'") _
      & ">" & movements(26, i) & "</td>"
    theHtml = theHtml & "</tr>"
Next

theHtml = theHtml & "</table>"
WebBrowser1.Document.body.innerhtml = theHtml
DoEvents

'Projects
'--------
WebBrowser2.Navigate ("about:blank")
DoEvents

theHtml = ""
```

```vb
    theHtml = theHtml & "<table border=1><tr style='font-size:11px;'>"
    theHtml = theHtml & "<td nowrap>New Projects</td></tr>"
    
    projects = Business_SelectLastProjects()
    
    For i = 1 To UBound(projects, 2)
      DoEvents
      theHtml = theHtml & "<tr style='font-size:11px;'>"
      theHtml = theHtml & "<td>" & projects(1, i) & "</td>"
      theHtml = theHtml & "</tr>"
    Next
    
    theHtml = theHtml & "</table>"
    WebBrowser2.Document.body.innerhtml = theHtml
    DoEvents
    
    'Actors
    '------
    WebBrowser3.Navigate ("about:blank")
    DoEvents
    
    theHtml = ""
    theHtml = theHtml & "<table border=1><tr style='font-size:11px;'>"
    theHtml = theHtml & "<td nowrap>New Actors</td></tr>"
    
    actors = Business_SelectLastActors()
    
    For i = 1 To UBound(actors, 2)
      DoEvents
      theHtml = theHtml & "<tr style='font-size:11px;'>"
      theHtml = theHtml & "<td>" & actors(1, i) & "</td>"
      theHtml = theHtml & "</tr>"
    Next
    
    theHtml = theHtml & "</table>"
    WebBrowser3.Document.body.innerhtml = theHtml
    DoEvents
End Sub

Private Sub CloseLastMovementsButton_Click()
    LastMovementsForm.Hide
End Sub
```

Module DB_Extractions

```vb
Public Function DB_SelectMovements(reference As String) As String()
    Dim sql As String
```

```
    Dim ret() As String

    If reference = "" Then
       sql = "SELECT * FROM [DB_KanboardMove$]"
    Else
       sql = "SELECT * FROM [DB_KanboardMove$] "
       sql = sql & "WHERE Reference='" & reference & "'"
    End If

    ret = LocalRequest(sql)
    DB_SelectMovements = ret
End Function
```

Module Business_Projects

```
Public Function Business_SelectLastProjects() As String()
   Business_SelectLastProjects = DB_SelectLastProjects
End Function
```

Module DB_Projects

```
Public Function DB_SelectLastProjects() As String()
    Dim sql As String
    Dim ret() As String

    sql = "SELECT projectName FROM [NewProjects$]"
    ret = LocalRequest(sql)
    DB_SelectLastProjects = ret
End Function
```

Module Business_Actors

```
Public Function Business_SelectLastActors() As String()
   Business_SelectLastActors = DB_SelectLastActors()
End Function
```

Module DB_Actors

```
Public Function DB_SelectLastActors() As String()
    Dim sql As String
    Dim ret() As String

    sql = "SELECT actorName FROM [NewActors$]"
```

```
    ret = LocalRequest(sql)
    DB_SelectLastActors = ret
End Function
```

Le traitement du point de vue utilisateur ressemble à ce Wireframe :

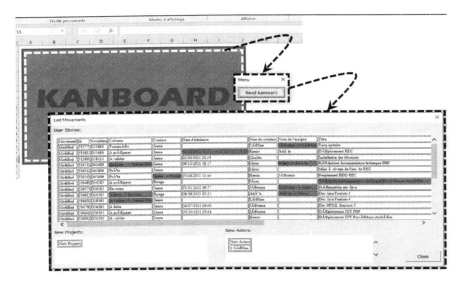

Cette fonctionnalité avait nécessité quatre jours de travail pour la développer. À partir du jour de la fin du développement, je m'étais mis à charger une extraction du Kanboard chaque matin pour le tester et commencer à construire un historique. Cela m'avait permis d'identifier et de corriger les anomalies.

Voici une remarque importante : Je gardais chaque jour le fichier de l'extraction CSV correspondant. Ceci m'avait permis lorsque j'identifiais une anomalie qui impacte les données de la corriger et ensuite de corriger les données en les rechargeant correctement. Je purgeais donc manuellement toutes les données des différentes feuilles Excel puis relançais toutes les extractions à la suite pour réinitialiser l'historique.

Le nettoyage des feuilles consiste à :
- Supprimer complètement les feuilles DB_KanboardRead, DB_KanboardLastRead, DB_KanboardHist, DB_KanboardMove et DB_Backlog. Ces feuilles seront créées automatiquement par l'outil

s'il ne les trouve pas lors du prochain chargement (Voir l'étape 4. Préparer les feuilles Excel pour la lecture).
- Supprimer complètement les feuilles NewProjects et NewActors. Celles-ci seront recréées lors de chaque chargement d'une extraction. Il suffit de regarder respectivement les étapes "8. Détecter s'il y a des nouveaux projets" et "9. Détecter s'il y a des nouveaux acteurs affectés à des tickets".
- Nettoyer le contenu des feuilles "Projects" et "Actors" sans toucher aux entêtes des tableaux.

En résumé :

Ce chapitre m'a permis d'exposer comment j'avais construit une fonctionnalité qui permet la synchronisation entre Kanboard et Excel. De plus, elle permet le suivi en affichant un rapport des modifications apportées au Kanboard depuis la dernière synchronisation.

Chapitre 7 – Gestion de l'équipe

Pour construire un complément du Kanboard pour la gestion de l'équipe, des processus et des projets, il faut compléter les données Kanboard avec des informations importantes : des données concernant l'équipe.

L'équipe est déjà existante au niveau du Kanboard. Elle est composée de toutes les personnes auxquelles les tâches sont affectées. La seule donnée contenue dans le Kanboard concernant l'équipe est le nom des personnes.

L'équipe est transversale, travaillant en mode gestion des demandes. Ces demandes sont regroupées par projet client. L'équipe est constituée de différents profils (DBA, Java, PHP, Chef de Projet ...). C'est le regroupement en profils qui permet le travail en transverse sur les différentes demandes des différents projets. Par exemple, le DBA peut démarrer par réaliser une demande de création de table sur le projet 1 avantb d'enchaîner sur une demande de modification d'une vue sur le projet 2.

Pour organiser ce travail et ajouter la gestion des données manquantes, je vais déclarer des profils, affecter chaque personne de l'équipe à un profil puis ventiler les demandes par profil. Ceci facilite le travail de l'équipe car il rend clair à chaque membre de l'équipe quelles sont les tâches qui peuvent lui être affectées. En même temps, cette organisation permet de se projeter dans le futur pour calculer par rapport à la disponibilité des différents profils la capacité d'absorber les tâches tout en respectant la priorité. Cette organisation permet d'avoir une visibilité plus lointaine qu'une semaine de la capacité de réalisation et donc permet d'avoir une base de planification empirique.

Il manque pour cette construction d'avoir une disponibilité plus précise des profils. Le calcul doit être fait en prenant en compte les absences des membres d'un profil. Si deux DBA sur quatre sont absents dans une itération, la capacité de travail du profil ne sera pas la même que si tous les DBA sont présents. L'introduction des jours d'absence dans les calculs permet d'être plus précis dans l'identification de la vélocité de l'équipe.

En conséquence, la gestion de l'équipe comprend donc plusieurs sujets :

1. La gestion de profils : Ajouter, modifier ou supprimer des profils.
2. L'affectation des membres de l'équipe aux profils.
3. L'activation/désactivation d'un membre de l'équipe.
4. La gestion des absences de l'équipe : déclaration ou suppression des jours d'absence d'un membre de l'équipe.

Je vais commencer par préparer les feuilles qui vont contenir les données de ces fonctionnalités :

- Pour sauvegarder la liste des profils, je vais créer une feuille « DB_Roles » qui est constituée d'un seul entête de colonne « Role ».

- Pour stocker le lien entre les membres de l'équipe et les profils, je vais ajouter une colonne « Role » à la feuille « Actors ». Pour rappel, cette feuille contient les acteurs chargés et mis à jour à partir des extractions CSV du Kanboard.

- Pour activer/désactiver un membre de l'équipe, je vais ajouter une colonne « Active » à la feuille « Actors ».

- Pour introduire les jours d'absences, je vais créer la feuille « DaysOff » qui est constituée des deux entêtes des colonnes suivantes : « Actor » et « DayOff ».

- Pour identifier quel profil va réaliser quelle tâche, je vais ajouter une feuille « DB_UsByTeam » qui contient deux entêtes des colonnes : « Identifiant de la tâche » et « Role ».

La colonne « Identifiant de la tâche » doit être formattée au format « Text » même si elle contiendra des identifiants numériques.

Le point d'entrée pour la gestion des profils est un bouton ajouté au menu. Je vais le nommer « Team Members ».

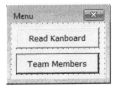

Je pense organiser cette fonctionnalité de la façon suivante : Ce bouton ouvre une fenêtre centrale de gestion de l'équipe. Cette fenêtre doit afficher la liste de toutes les personnes affectées à des tâches sur le Kanboard. Elle sera récupérée des différentes extractions qui ont été chargées. A partir de cette fenêtre, les différentes actions de gestion de l'équipe doivent pouvoir être lancées. Je vais commencer par décrire les différentes fonctionnalités pour finir par décrire la fenêtre centrale.

Voici les différentes fonctionnalités de gestion de l'équipe :

1. La gestion de profils : Ajouter, modifier ou supprimer des profils : Pour réaliser cette gestion, je vais me baser sur la feuille « DB_Roles » qui contiendra les données sur les rôles.

   Ensuite, je vais ajouter le formulaire suivant :

   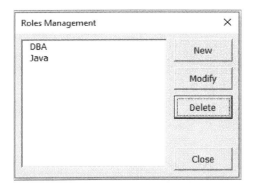

   Ce formulaire contient la liste initialisée par les rôles lue à partir de la feuille « DB_Roles ». Les boutons « New », « Modify » et « Delete » permettent de modifier la liste des rôles dans cette feuille.

Le chemin est le suivant :

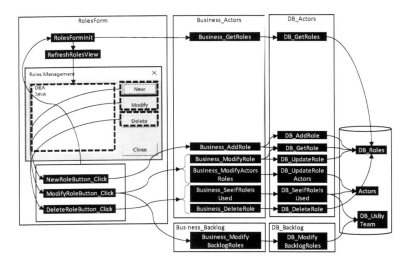

Pour faciliter la description de ce chemin, je vais le décomposer en trois parties :

a. La création d'un profil

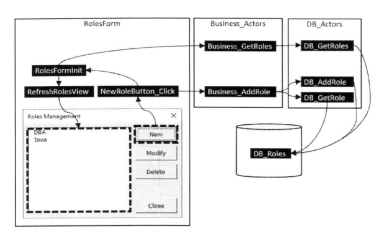

Cette fonctionnalité permet de saisir le libellé d'un nouveau profil puis d'appeler la fonction « DB_GetRole » pour vérifier s'il existe déjà. Dans le cas où ce profil n'est pas trouvé, un appel à la procédure « DB_AddRole » va le créer. À la suite de la création, la liste dans la fenêtre est mise à jour pour refléter cette modification.

b. La modification d'un profil

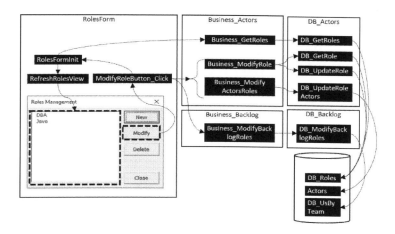

Cette fonctionnalité va permettre de modifier le libellé d'un existant profil. Le profil à modifier doit être sélectionné dans la liste des profils. Le nouveau libellé est saisi, une recherche de ce libellé est lancée par la fonction « DB_GetRole » pour vérifier s'il existe déjà. Dans le cas où ce nouveau libellé n'est pas trouvé, l'appel à la procédure « DB_UpdateRole » va le modifier. Le libellé du profil doit être également modifié dans la feuille « Actors » pour les acteurs déjà affectés à ce profil et cela est réalisé par l'appel de la procédure « DB_UpdateRoleActors ». Ensuite, la modification de ce libellé doit être faite également pour les tâches affectées à ce profil en appelant la procédure « DB_ModifyBacklogRoles ». A la fin, la liste dans la fenêtre est mise à jour pour faire apparaître la modification.

c. La suppression d'un profil

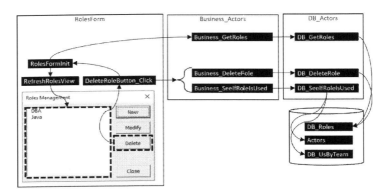

Cette fonctionnalité va permettre de supprimer un profil existant. Le profil à supprimer doit être sélectionné dans la liste des profils. Une recherche de l'utilisation de ce profil est lancée. Cette recherche consiste à vérifier s'il y a des acteurs liés à ce profil ou s'il y a des tâches qui lui sont affectées. Elle est faite en appelant la fonction « DB_SeeIfRoleIsUsed ». Dans le cas où ce profil n'est pas utilisé, il est alors supprimé en appelant « DB_DeleteRole ». Ensuite, la liste dans la fenêtre est mise à jour pour faire apparaître la modification.

Le code est le suivant :

Feuille RolesForm

```
Public Sub RolesFormInit()
  Dim roles() As String
  roles = Business_GetRoles()
  RefreshRolesView roles
End Sub
```

```vb
Public Sub RefreshRolesView(roles() As String)
 Dim I As Long

 RolesListBox.Clear
 For I = 1 To Ubound(roles, 2)
   RolesListBox.AddItem roles(1, i)
 Next
End Sub
```

```vb
Private Sub CloseRolesButton_Click()
 RolesForm.Hide
End Sub
```

```vb
Private Sub DeleteRoleButton_Click()
 Dim selectedRole As String
 Dim used As Boolean
 Dim msg As String

 selectedRole = GetSelectedRole()

 If selectedRole = "" Then Exit Sub
 used = Business_SeeIfRoleIsUsed(selectedRole)
 If used Then
   msg = ""
   msg = msg & "This role cannot be deleted because "
   msg = msg & "some Actors have that role !"
   MsgBox msg
   Exit Sub
 End If

 Business_DeleteRole selectedRole
 RolesForm.RolesFormInit
End Sub
```

```vb
Private Sub ModifyRoleButton_Click()
 Dim selectedRole As String
 Dim role As String

 selectedRole = GetSelectedRole()

 If selectedRole = "" Then Exit Sub

 role = InputBox("Modify Role [" & selectedRole & "]", _
     "Modify Role", selectedRole)

 If Trim(role) = "" Then Exit Sub
 If Trim(role) = selectedRole Then Exit Sub
```

```
role = Trim(role)

If Not Business_ModifyRole(selectedRole, role) Then Exit Sub
Business_ModifyActorsRoles selectedRole, role
Business_ModifyBacklogRoles selectedRole, role
RolesForm.RolesFormInit
End Sub
```

```
Private Sub NewRoleButton_Click()
 Dim role As String
 role = InputBox("New Role")
 If Trim(role) = "" Then
   Exit Sub
 End If
 Business_AddRole role
 RolesForm.RolesFormInit
End Sub
```

```
Private Function GetSelectedRole() As String
 Dim I As Integer
 If RolesListBox.ListIndex <> -1 Then
  GetSelectedRole = RolesListBox.List(RolesListBox.ListIndex)
  Exit Function
 End If
 GetSelectedRole = ""
End Function
```

Module Business_Actors

```
Public Function Business_GetRoles() As String()
   Business_GetRoles = DB_GetRoles
End Function
```

```
Public Function Business_ModifyRole( _
                 selectedRole As String, _
                 role As String _
                 ) As Boolean
 Dim ret() As String

 Business_ModifyRole = False

 ret = DB_GetRole(role)
 If Ubound(ret, 2) > 0 Then
   MsgBox "This role already exists !"
```

```
    Exit Function
  End If

  DB_UpdateRole selectedRole, role

  Business_ModifyRole = True
End Function
```

```
Public Sub Business_AddRole(role As String)
  Dim ret() As String

  ret = DB_GetRole(role)
  If Ubound(ret, 2) > 0 Then
    MsgBox "This role already exists !"
    Exit Sub
  End If

  DB_AddRole role
End Sub
```

```
Public Sub Business_ModifyActorsRoles _
      ( _
         selectedRole As String, _
         role As String _
      )
  DB_UpdateRolesActors selectedRole, role
End Sub
```

```
Public Sub Business_DeleteRole(role As String)
  DB_DeleteRole role
End Sub
```

```
Public Function Business_SeeIfRoleIsUsed _
      ( _
         selectedRole As String _
      ) As Boolean
  Business_SeeIfRoleIsUsed = DB_SeeIfRoleIsUsed(selectedRole)
End Function
```

Module Business_Backlog

```
Public Sub Business_ModifyBacklogRoles _
      ( _
```

```
            selectedRole As String, _
            role As String _
        )
 DB_ModifyBacklogRoles selectedRole, role
End Sub
```

Module DB_Actors

```
Public Function DB_GetRoles() As String()
 Dim sql As String
 Dim ret() As String

 sql = "SELECT Role FROM [DB_Roles$]"
 ret = LocalRequest(sql)
 DB_GetRoles = ret
End Function


Public Function DB_GetRole(role As String) As String()
 Dim sql As String
 Dim ret() As String

 sql = "SELECT Role FROM [DB_Roles$] WHERE Role = '" & role & "'"
 ret = LocalRequest(sql)
 DB_GetRole = ret
End Function


Public Sub DB_AddRole(role As String)
 Dim sql As String

 sql = "INSERT INTO [DB_Roles$](Role) VALUES ('" & role & "')"
 LocalInsertOrUpdate sql
End Sub


Public Sub DB_UpdateRole(selectedRole As String, role As String)
 Dim sql As String

 sql = ""
 sql = sql & "UPDATE [DB_Roles$] SET Role = '" & role & "'"
 sql = sql & " WHERE Role = '" & selectedRole & "'"
 LocalInsertOrUpdate sql
End Sub


Public Sub DB_UpdateRolesActors( _
            selectedRole As String, _
            role As String _
```

```vb
                            )
Dim sql As String

sql = ""
sql = sql & "UPDATE [Actors$] SET Role = '" & role & "'"
sql = sql & " WHERE Role = '" & selectedRole & "'"
LocalInsertOrUpdate sql
End Sub
```

```vb
Public Sub DB_DeleteRole(role As String)
Dim I As Integer
Dim theSheet As Worksheet

Set theSheet = ThisWorkbook.Sheets("DB_Roles")
I = 2
Do While theSheet.Cells(I, 1).Value <> ""
    If theSheet.Cells(I, 1).Value = role Then
        theSheet.Cells(I, 1).EntireRow.Delete
        Exit Do
    End If
    I = I + 1
Loop
End Sub
```

```vb
Public Function DB_SeeIfRoleIsUsed( _
                    selectedRole As String _
                    ) As Boolean
Dim sql As String
Dim ret() As String

DB_SeeIfRoleIsUsed = False

sql = ""
sql = sql & "SELECT COUNT(*) FROM [Actors$]"
sql = sql & " WHERE Role = '" & selectedRole & "'"
ret = LocalRequest(sql)
If Cint(ret(1, 1)) > 0 Then DB_SeeIfRoleIsUsed = True

sql = ""
sql = sql & "SELECT COUNT(*) FROM [DB_UsByTeam$]"
sql = sql & " WHERE Role = '" & selectedRole & "'"
ret = LocalRequest(sql)
If Cint(ret(1, 1)) > 0 Then DB_SeeIfRoleIsUsed = True
End Function
```

Module DB_Backlog

```
Public Sub DB_ModifyBacklogRoles( _
                selectedRole As String, _
                role As String _
                )
    Dim sql As String

    sql = ""
    sql = sql & "UPDATE [DB_UsByTeam$] SET Role = '" & role & "' "
    sql = sql & "WHERE Role = '" & selectedRole & "'"
    LocalInsertOrUpdate sql
End Sub
```

Pour lancer cette fonctionnalité, je construis la fenêtre centrale de la gestion d'équipe :

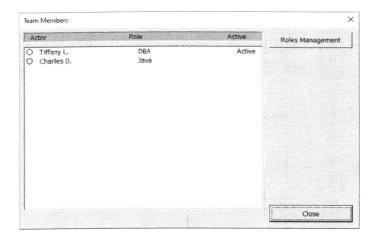

Cette fenêtre contient une Listbox contenant la liste de tous les acteurs affectés aux tâches du Kanboard et provenant des extractions lues de ce dernier.

Le chemin est le suivant :

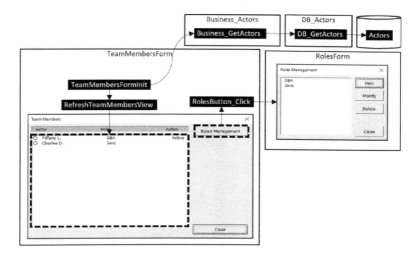

Le code est le suivant :

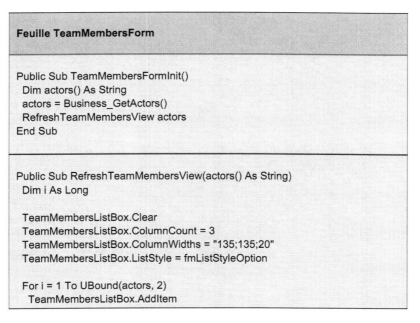

```
TeamMembersListBox.List(TeamMembersListBox.ListCount-1,0)= _
   actors(1, i)
TeamMembersListBox.List(TeamMembersListBox.ListCount-1,1)= _
   actors(2, i)
TeamMembersListBox.List(TeamMembersListBox.ListCount-1,2)= _
   actors(3, i)
Next

TeamMembersHeadersListBox.Clear
TeamMembersHeadersListBox.ColumnCount = 3
TeamMembersHeadersListBox.ColumnWidths = "135;135;20"
TeamMembersHeadersListBox.AddItem
TeamMembersHeadersListBox.BackColor = RGB(200, 200, 200)
TeamMembersHeadersListBox.List(0, 0) = "Actor"
TeamMembersHeadersListBox.List(0, 1) = "Role"
TeamMembersHeadersListBox.List(0, 2) = "Active"
End Sub
```

```
Private Sub CloseTeamMembersButton_Click()
   TeamMembersForm.Hide
End Sub
```

```
Private Sub RolesButton_Click()
   RolesForm.RolesFormInit
   RolesForm.Show
End Sub
```

Module Business_Actors

```
Public Function Business_GetActors() As String()
  Business_GetActors = DB_GetActors()
End Function
```

Module DB_Actors

```
Public Function DB_GetActors() As String()
  Dim sql As String
  Dim ret() As String

  sql = "SELECT actorName, Role, Active FROM [Actors$]"
  ret = LocalRequest(sql)
  DB_GetActors = ret
End Function
```

Il ne reste qu'à ajouter le lancement de cette fenêtre à partir du bouton « Team Members » du menu :

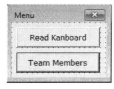

Le code est le suivant :

Feuille MenuForm

```
Private Sub TeamMembersButton_Click()
    TeamMembersForm.TeamMembersFormInit
    TeamMembersForm.Show
End Sub
```

2. L'affectation des membres de l'équipe aux profils :
   Maintenant que le développement de la gestion des profils est fait pour pouvoir ajouter/modifier/supprimer des profils, je vais ajouter la fonctionnalité d'affectation d'une personne à un profil. Pour ceci, je vais ajouter un bouton « Define Member Role » sur le formulaire « TeamMembersForm » :

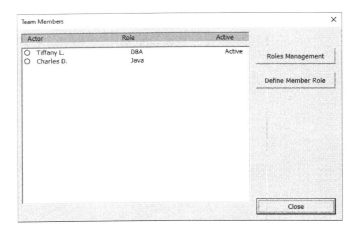

Le déclenchement de cette fonctionnalité par le bouton « Define Member Role » doit commencer par vérifier si un membre de l'équipe a été sélectionné pour définir son profil. Si aucun membre n'est sélectionné, la fonctionnalité s'arrête. Le cas échéant, une fenêtre s'affiche pour permettre de sélectionner le profil :

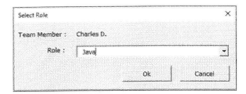

La liste des profils dans cette fenêtre provient de la feuille « DB_Roles ».
Quand l'utilisateur sélectionne le profil à affecter, l'affectation va être sauvegardée dans la feuille « Actors ».

Le chemin est le suivant :

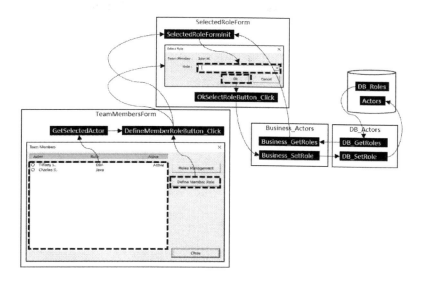

Le code est le suivant :

Feuille TeamMembersForm

```
Private Sub DefineMemberRoleButton_Click()
  Dim selectedActor As String
  Dim selectedRole As String
  Dim s() As String

  selectedActor = GetSelectedActor()

  If selectedActor = "" Then Exit Sub

  s = Split(selectedActor, ";")
  selectedActor = s(0)
  selectedRole = s(1)

  SelectRoleForm.SelectRoleFormInit selectedActor, selectedRole
  SelectRoleForm.Show

  TeamMembersFormInit
End Sub
```

```vb
Private Function GetSelectedActor() As String
  Dim s as String
  If TeamMembersListBox.ListIndex = -1 Then
    s = ""
  Else
    s = ""
    s = s & _
      TeamMembersListBox.List(TeamMembersListBox.ListIndex, 0) & ";"
    s = s & _
      TeamMembersListBox.List(TeamMembersListBox.ListIndex, 1) & ";"
    s = s & _
      TeamMembersListBox.List(TeamMembersListBox.ListIndex, 2)
  End If
  GetSelectedActor = s
End Function
```

Feuille SelectRoleForm

```vb
Public Sub SelectRoleFormInit(actor As String, role As String)
  Dim ret() As String
  Dim i As Integer

  TeamMemberLabel.Caption = actor
  RoleComboBox.Clear

  ret = Business_GetRoles()
  For i = 1 To UBound(ret, 2)
    RoleComboBox.AddItem ret(1, i)
    If role = ret(1, i) Then
      RoleComboBox.ListIndex = i - 1
    End If
  Next
End Sub
```

```vb
Private Sub CancelSelectRoleButton_Click()
  SelectRoleForm.Hide
End Sub
```

```vb
Private Sub OkSelectRoleButton_Click()
  If RoleComboBox.Value = "" Then
    MsgBox "A role must be selected !"
    Exit Sub
  End If
```

```
Business_SetRole TeamMemberLabel.Caption, RoleComboBox.Value
SelectRoleForm.Hide
End Sub
```

Module Business_Actors

```
Public Sub Business_SetRole(teamMember As String, role As String)
    DB_SetRole teamMember, role
End Sub
```

Module DB_Actors

```
Public Sub DB_SetRole(teamMember As String, role As String)
    Dim sql As String

    sql = ""
    sql = sql & "UPDATE [Actors$] SET Role='" & role & "' "
    sql = sql & "WHERE actorName='" & teamMember & "'"
    LocalInsertOrUpdate sql
End Sub
```

3. Activer/désactiver un membre de l'équipe :
   Cette fonctionnalité permettra de signaler qu'un membre de l'équipe l'a quittée. L'objectif est de garder une cohérence avec l'historique. Les membres ne sont pas supprimés car ils peuvent toujours figurer sur le Kanboard affectés à des tâches terminées. Cette opération va permettre de distinguer ces membres pour ne pas les prendre en compte dans les projections futures comme les calculs de la vélocité de l'équipe. Je vais donc ajouter un bouton « Switch Active/Passive » au formulaire « TeamMembersForm » :

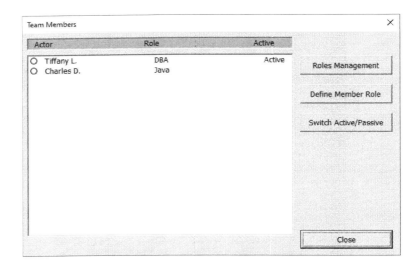

Le déclenchement de cette fonctionnalité par ce bouton doit commencer par vérifier si un membre de l'équipe a été sélectionné pour l'opération. Si aucun membre n'a été sélectionné, la fonctionnalité s'arrête. Le cas échéant, le statut de la ressource est modifié Active→Passive ou Passive→Active dans la feuille « Actors ».

Le chemin est le suivant :

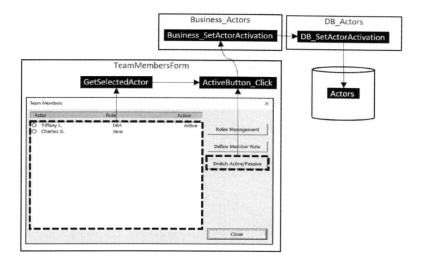

Le code est le suivant :

Feuille TeamMembersForm

```
Private Sub ActiveButton_Click()
  Dim selectedActor As String
  Dim selectedActive As String
  Dim s() As String

  selectedActor = GetSelectedActor()

  If selectedActor = "" Then Exit Sub

  s = Split(selectedActor, ";")
  selectedActor = s(0)
  selectedActive = s(2)

  If selectedActive = "Yes" Then
    selectedActive = ""
  Else
    selectedActive = "Yes"
  End If
```

```
Business_SetActorActivation selectedActor, selectedActive

TeamMembersFormInit
End Sub
```

Module Business_Actors

```
Public Sub Business_SetActorActivation(selectedActor As String, _
                selectedActive As String)
  DB_SetActorActivation selectedActor, selectedActive
End Sub
```

Module DB_Actors

```
Public Sub DB_SetActorActivation(selectedActor As String, _
                selectedActive As String)
  Dim sql As String

  sql = ""
  sql = sql & "UPDATE [Actors$]"
  sql = sql & "  SET Active='" & selectedActive & "' "
  sql = sql & "WHERE actorName='" & selectedActor & "'"
  LocalInsertOrUpdate sql
End Sub
```

4. Gestion des absences de l'équipe : déclarer ou supprimer des jours d'absence d'un membre de l'équipe :
Cette fonctionnalité va permettre d'identifier les présences des membres de l'équipe. L'objectif est de permettre d'utiliser ces données pour les calculs de la vélocité de l'équipe. Pour lancer cette fonctionnalité, je vais ajouter un bouton « Declare Days Off » au formulaire « TeamMembersForm » :

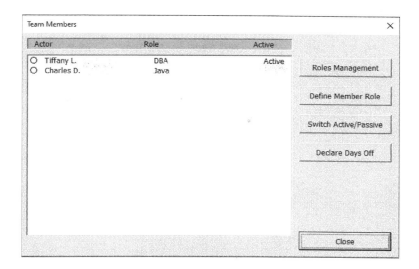

Le déclenchement de cette fonctionnalité par ce bouton doit commencer par vérifier si un membre de l'équipe a été sélectionné pour l'opération. Si aucun membre n'a été sélectionné, la fonctionnalité s'arrête. Le cas échéant, le formulaire de gestion des absences s'affiche :

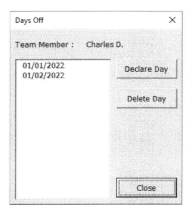

Le bouton « Declare Day » va permettre de saisir une date pour ce membre de l'équipe et la sauvegarder dans la feuille « DB_DaysOff ». Si cette saisie ne correspond pas à une date valide en format « dd/mm/yyyy » ou si elle correspond à une date déjà saisie pour ce membre dans la liste, l'opération s'arrête sans sauvegarder.

Le bouton « Delete Day » va permettre de supprimer de la feuille « DB_DaysOff » une date sélectionnée pour ce membre de l'équipe dans la liste des dates.

Le chemin est le suivant :

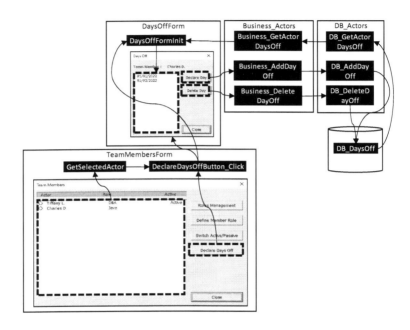

Le code est le suivant :

Feuille TeamMembersForm

Private Sub DeclareDaysOffButton_Click()
  Dim selectedActor As String
  Dim selectedActive As String
  Dim s() As String
 	
  selectedActor = GetSelectedActor()
 	
  If selectedActor = "" Then Exit Sub
 	
  s = Split(selectedActor, ";")

```
    selectedActor = s(0)

    DaysOffForm.DaysOffFormInit selectedActor
    DaysOffForm.Show
End Sub
```

Feuille DaysOffForm

```
Public Sub DaysOffFormInit(actor As String)
    Dim ret() As String
    Dim i As Integer

    actorLabel.Caption = actor

    DaysOffListBox.Clear

    ret = Business_GetActorDaysOff(actor)
    For i = 1 To UBound(ret, 2)
        DaysOffListBox.AddItem ret(1, i)
    Next
End Sub
```

```
Private Sub CloseDayesOffButton_Click()
    DaysOffForm.Hide
End Sub
```

```
Private Sub DeclareDayButton_Click()
    Dim i As Integer
    Dim theDate As String
    Dim found As Boolean

    theDate = InputBox("Enter Day Off (dd/mm/yyyy)")
    theDate = Trim(theDate)
    If theDate = "" Then Exit Sub
    If Len(theDate) <> 10 Then Exit Sub
    If Mid(theDate, 3, 1) <> "/" Then Exit Sub
    If Mid(theDate, 6, 1) <> "/" Then Exit Sub
    If Not IsDate(theDate) Then Exit Sub
    For i = 1 To DaysOffListBox.ListCount
        If DaysOffListBox.List(i - 1) = theDate Then Exit Sub
    Next

    Business_AddDayOff actorLabel.Caption, theDate
    DaysOffFormInit actorLabel.Caption
End Sub
```

```
Private Sub DeleteDayButton_Click()
  If DaysOffListBox.ListIndex = -1 Then Exit Sub
  Business_DeleteDayOff actorLabel.Caption, _
            DaysOffListBox.List(DaysOffListBox.ListIndex)
  DaysOffFormInit actorLabel.Caption
End Sub
```

Module Business_Actors

```
Public Sub Business_AddDayOff(actor As String, dayOff As String)
  DB_AddDayOff actor, dayOff
End Sub
```

```
Public Function Business_GetActorDaysOff(actor As String) As String()
  Business_GetActorDaysOff = DB_GetActorDaysOff(actor)
End Function
```

```
Public Function Business_DeleteDayOff(actor As String, dayOff As String)
  DB_DeleteDayOff actor, dayOff
End Function
```

Module DB_Actors

```
Public Sub DB_AddDayOff(actor As String, dayOff As String)
  Dim sql As String

  sql = ""
  sql = sql & "INSERT INTO [DaysOff$] (Actor, DayOff) "
  sql = sql & "VALUES ('" & actor & "', '" & dayOff & "')"
  LocalInsertOrUpdate sql
End Sub
```

```
Public Function DB_GetActorDaysOff(actor As String) As String()
  Dim sql As String
  Dim ret() As String

  sql = ""
  sql = sql & "SELECT DayOff FROM [DaysOff$] "
  sql = sql & "WHERE Actor='" & actor & "' ORDER BY CDATE(DayOff)"
  ret = LocalRequest(sql)
  DB_GetActorDaysOff = ret
```

```
End Function

Public Sub DB_DeleteDayOff(actor As String, dayOff As String)
    Dim i As Integer
    Dim theSheet As Worksheet

    Set theSheet = ThisWorkbook.Sheets("DaysOff")
    i = 2
    Do While theSheet.Cells(i, 1).Value <> ""
        If theSheet.Cells(i, 1).Value = actor And _
            theSheet.Cells(i, 2).Value = dayOff Then
            theSheet.Cells(i, 1).EntireRow.Delete
            Exit Do
        End If
        i = i + 1
    Loop
End Sub
```

Le seul cas restant à traiter, c'est celui des tâches affectées à des ressources techniques externes à l'équipe. Pour traiter ce type de tâches, je vais déclarer un profil spécifique à chacune des équipes externes et un acteur imaginaire par équipe lié à ce profil. Chacun de ces acteurs représente l'équipe externe correspondante. La disponibilité de cet acteur ne va pas être saisie en jours de présence mais sera gérée par les dates de début et d'échéance contenues sur les tickets Kanboard. Ces dates doivent être demandées par le Chef de Projet à l'équipe externe correspondante. Ensuite, le Chef de Projet va les saisir directement sur le ticket Kanboard.

En résumé :

Dans ce chapitre, j'ai exposé la fonctionnalité qui permet de faire la gestion des profils, des membres de l'équipe et de leurs disponibilités. Elle contribue au calcul de la vélocité et à la construction de la projection future des travaux.

Chapitre 8 - Backlog Produit

Le backlog produit est sans aucun doute le principal artefact de l'agilité. Une étape logiquement prioritaire dans la construction de mon organisation est la mise en œuvre d'un backlog. Il est nécessaire de construire et de maintenir un backlog pour l'équipe. Il contiendra toutes les tâches assignées à l'équipe et qui ne sont pas en statut « Archivé » ou « Fermé ». Un product owner doit être nommé pour pour prendre la responsabilité de la gestion de ce Backlog.

Les pratiques à mettre en œuvre autour du Backlog Produit sont les suivantes :

- La priorisation des tâches dans le Backlog : Elle est sous la responsabilité du Product Owner. Les différents chefs de projet doivent la négocier avec le Product Owner qui sera le seul responsable de l'implémentation de cette priorisation. Cette pratique imposera aux chefs de projets une discipline de construction d'argumentations pour défendre la priorité de leurs tâches. Cette argumentation implique une analyse de la part du chef de projet. Elle mettra une base logique sur laquelle le Product Owner s'appuiera pour prioriser.

- La mise à jour du backlog : Il faut en permanence avoir un backlog à jour. Cette mise à jour est faite à partir du Kanboard. Elle est de la responsabilité du Product Owner.
- La ventilation des tâches sur les différents profils : Différents profils techniques/Chefs de projets travaillent sur les tâches du Kanboard. Les tâches doivent donc être typées par profil. Par exemple, les DBA ne doivent pas travailler sur les tâches Java car ils ne détiennent pas les compétences nécessaires pour ce travail. Il faut donc que cette distinction tâche/profil soit tracée et apparente. C'est la responsabilité du Product Owner, en communiquant avec les chefs de projets et les ressources techniques, de signaler le profil nécessaire pour traiter une tâche. Cette information sera sauvegardée dans l'outil pour permettre de ventiler correctement les tâches aux bons profils.

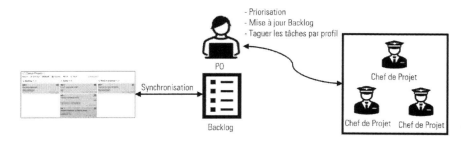

Les opérations sur le backlog peuvent être séparées en deux ensembles. Le premier est la construction et la mise à jour du backlog à partir du Kanboard et le deuxième constitue la gestion du backlog par le Product Owner.

1. Construction et mise à jour du backlog à partir du Kanboard :

    En ce qui concerne le premier ensemble, la synchronisation Kanboard-Excel va permettre une mise à jour de ce backlog à partir de ce qui s'est déroulé sur le Kanboard.

    Cette étape de construction du backlog est essentielle. Elle permet au backlog d'exister. L'existence de ce backlog est la première étape qui ouvre la porte aux différentes opérations de pilotage comme l'organisation des tâches par priorité et la projection dans le temps sur plusieurs itérations du travail à accomplir. Cette projection va permettre de savoir si le respect des jalons est effectif ou s'il faut Négocier un déplacement de ces jalons. Sans cette projection, l'équipe sans visibilité à moyen terme est pilotée par les clients et par leurs urgences. Il est important de noter que les clients ne se synchronisent pas entre eux pour prioriser et, n'ayant pas une visibilité complète sur l'ensemble des travaux de l'équipe, vont se contenter de surveiller leurs jalons et se limiter à lancer des alertes quand ils sentent qu'un jalon est en danger. Manquant de visibilité, ces alertes surviennent souvent tardivement et exigent une réorganisation en urgence et des perturbations des planifications de l'équipe.

Pour la première utilisation de l'outil, le backlog qui n'existe pas encore, va être construit lors du chargement de l'extraction. Si le backlog existe, on peut en déduire que ce chargement n'est pas le premier, il est donc mis à jour et synchronisé à partir de l'extraction venant de Kanboard. Comme évoqué dans le « Chapitre 5 – Lecture de l'extraction CSV ». Cette création et synchronisation constituent l'étape "10. Mettre à jour le Backlog Produit".

Une remarque importante : Kanboard fournit dans l'extraction deux champs différents intitulés « Colonne » et « État ». Le champ Colonne contient le nom de la colonne du Kanboard dans laquelle le ticket réside. Ce champ correspond au Statut de la tâche. Le champ État contient les valeurs Ouvert/Fermé. Elle permet de savoir si une tâche est ouverte ou fermée. Ces champs étaient utilisés de la façon suivante :

- Quand une tâche était terminée, elle était posée dans la colonne « Terminée » du Kanboard. Lorsque le responsable de l'équipe remarqua qu'il y avait beaucoup de tickets dans la colonne « Terminée », il les déplaça dans la colonne « Archivée » du Kanboard. Cette pratique était arbitraire et basée sur le ressenti du responsable de l'équipe.
- Le champ « État » était utilisé arbitrairement pour le positionner à « Fermé » lorsque les tickets étaient dans les colonnes « Terminée » ou « Archivée ». Sur une partie des tickets posés

dans ces colonnes, l'état était resté « Ouvert » et n'avait jamais été mis à « Fermé ».

Deux nouvelles règles d'utilisation sont définies. La première consiste à positionner le champ « État » à « Fermé » lorsqu'une tâche n'est plus à réaliser. La deuxième a pour objectif de distinguer les tâches terminées lors du sprint actuel des tâches terminées lors des précédents sprints. Pour cela, on va utiliser les colonnes "Terminée" et "Archivées" de la façon suivante : Lorsque le travail sur une tâche est terminé dans le sprint, le ticket correspondant est déplacé dans la colonne « Terminée ». Lorsqu'un sprint est terminé, il faut déplacer toutes les tâches qui sont dans la colonne "Terminée" vers la colonne "Archivée".

Dans cette étape de construction et de mise à jour du backlog, je vais appliquer un filtre sur l'ensemble des tâches récupérées du Kanboard lors de la dernière extraction. Il consiste à filtrer les tâches qui ont un statut « Archivée » ou un état « Fermé ». Après filtrage, le résultat ne contient que les tâches restantes à faire par l'équipe ainsi que les tâches terminées par l'équipe dans le sprint en cours.

En séparant les tâches terminées selon cette règle, il est important de garder dans le backlog les tâches terminées sur le sprint actuel. L'objectif est de visualiser la totalité du périmètre du sprint actuel et le pourcentage d'avancement de la réalisation de ce périmètre. Ces tâches seront supprimées du backlog lorsque le sprint est terminé. En revanche, elles ne doivent plus figurer dans la planification car elles sont déjà réalisées.

Cette opération se déroulera selon les six étapes suivantes :

- Supprimer toutes les tâches du backlog qui n'existent plus dans la nouvelle extraction car ces tâches ont été supprimées du Kanboard.
- Supprimer toutes les tâches du backlog qui sont en état « Fermé » sur le Kanboard dans la dernière extraction.

- Supprimer toutes les tâches du backlog qui sont passées dans la colonne "Archivée".
- Mettre à jour dans le backlog les champs des tâches existants dans la dernière extraction du Kanboard au cas où il y a eu des modifications sur ces tâches. L'identifiant des tâches est utilisé pour ces comparaisons.
- Ajouter dans le backlog les tâches manquantes se trouvant dans la dernière extraction car ce sont des tâches ajoutées dernièrement sur le Kanboard.
- A la fin de cette étape, un rafraichissement de l'ordre du backlog est fait en respectant l'ancien ordre. Les nouvelles tâches sont mises au plus bas (moins prioritaires) du backlog.

Le chemin est le suivant :

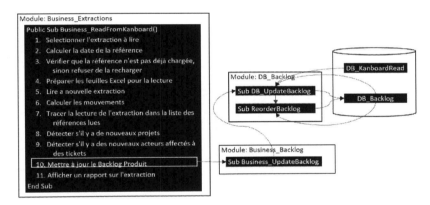

Le code de la construction et de la mise à jour du backlog à partir du Kanboard est le suivant :

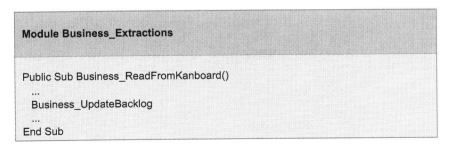

Module Business_Backlog

```vb
Public Sub Business_UpdateBacklog()
  DB_UpdateBacklog
End Sub
```

Module DB_Backlog

```vb
Public Sub DB_UpdateBacklog()
  Dim sql As String
  Dim ret() As String
  Dim i As Long
  Dim j As Long
  Dim theSheet As Worksheet

  Set theSheet = ThisWorkbook.Sheets("DB_Backlog")

  'Delete the deleted stories
  '------------------------
  sql = ""
  sql = sql & "SELECT a.[Identifiant de la tâche]"
  sql = sql & " FROM [DB_Backlog$] AS a "
  sql = sql & " LEFT OUTER JOIN [DB_KanboardRead$] AS b "
  sql = sql & "    ON a.[Identifiant de la tâche] = "
  sql = sql & "       b.[Identifiant de la tâche]"
  sql = sql & " WHERE b.[Identifiant de la tâche] IS NULL "
  ret = LocalRequest(sql)

  For j = 1 To UBound(ret, 2)
    i = 2
    Do While theSheet.Cells(i, 1).Value <> ""
      If theSheet.Cells(i, 1).Value = ret(1, j) Then
        theSheet.Cells(i, 1).EntireRow.Delete
        Exit Do
      End If
      i = i + 1
    Loop
  Next

  'Delete the old Done US
  '----------------------
  sql = ""
  sql = sql & "SELECT a.[Identifiant de la tâche]"
  sql = sql & " FROM [DB_Backlog$] AS a"
```

```
sql = sql & " LEFT OUTER JOIN [DB_KanboardRead$] AS b"
sql = sql & " ON a.[Identifiant de la tâche] ="
sql = sql & "     b.[Identifiant de la tâche]"
sql = sql & "WHERE b.Colonne = 'Archivée' "
sql = sql & "   OR b.État = 'Fermé' "
ret = LocalRequest(sql)

For j = 1 To UBound(ret, 2)
  i = 2
  Do While theSheet.Cells(i, 1).Value <> ""
    If theSheet.Cells(i, 1).Value = ret(1, j) Then
      theSheet.Cells(i, 1).EntireRow.Delete
      Exit Do
    End If
    i = i + 1
  Loop
Next

'Update existing items
'--------------------
sql = ""
sql = sql & "SELECT a.[Identifiant de la tâche], b.Titre,"
sql = sql & "    b.Swimlane, b.Colonne,"
sql = sql & "    b.[Nom de l'assigné], b.[Date de début],"
sql = sql & "    b.[Temps estimé], b.[Temps passé],"
sql = sql & "    a.Ordre"
sql = sql & " FROM [DB_Backlog$] AS a"
sql = sql & " LEFT OUTER JOIN [DB_KanboardRead$] AS b"
sql = sql & "   ON a.[Identifiant de la tâche] = "
sql = sql & "      b.[Identifiant de la tâche]"

LocalRequestInSheet sql, "DB_Backlog_"
DeleteSheet "DB_Backlog"
Set theSheet = ThisWorkbook.Sheets("DB_Backlog_")
theSheet.Name = "DB_Backlog"

'Read new items
'--------------
sql = ""
sql = sql & "INSERT INTO [DB_Backlog$] "
sql = sql & "SELECT a.[Identifiant de la tâche], a.Titre,"
sql = sql & "    a.Swimlane, a.Colonne,"
sql = sql & "    a.[Nom de l'assigné], a.[Date de début],"
sql = sql & "    a.[Temps estimé], a.[Temps passé], "
sql = sql & i + 1 & " AS Ordre"
sql = sql & " FROM [DB_KanboardRead$] AS a"
sql = sql & " LEFT OUTER JOIN [DB_Backlog$] AS b"
sql = sql & "   ON a.[Identifiant de la tâche] = "
sql = sql & "      b.[Identifiant de la tâche] "
sql = sql & "WHERE b.[Identifiant de la tâche] IS NULL"
sql = sql & "   AND a.Colonne <> 'Archivée' "
sql = sql & "   AND a.État = 'Ouvert' "
```

```
    LocalInsertOrUpdate sql

    ReorderBacklog
End Sub
```

```
Public Sub ReorderBacklog()
    Dim conn As ADODB.Connection
    Dim sql As String
    Dim ret() As String
    Dim theSheet As Worksheet
    Dim i As Long

    'Read the backlog content
    '----------------------
    sql = ""
    sql = sql & "SELECT [Identifiant de la tâche],"
    sql = sql & "       Titre, Swimlane, Colonne,"
    sql = sql & "       [Nom de l'assigné], [Date de début],"
    sql = sql & "       [Temps estimé], [Temps passé]"
    sql = sql & " FROM [DB_Backlog$]"
    sql = sql & " ORDER BY Ordre"
    ret = LocalRequest(sql)

    'Delete the Table content
    '----------------------
    DeleteSheetThenCreateIt "DB_Backlog"
    Set theSheet = ThisWorkbook.Sheets("DB_Backlog")
    theSheet.Cells(1, 1).Value = "Identifiant de la tâche"
    theSheet.Cells(1, 2).Value = "Titre"
    theSheet.Cells(1, 3).Value = "Swimlane"
    theSheet.Cells(1, 4).Value = "Colonne"
    theSheet.Cells(1, 5).Value = "Nom de l'assigné"
    theSheet.Cells(1, 6).Value = "Date de début"
    theSheet.Cells(1, 7).Value = "Temps estimé"
    theSheet.Cells(1, 8).Value = "Temps passé"
    theSheet.Cells(1, 9).Value = "Ordre"

    'Write Backlog in clean sheet
    '----------------------------
    For i = 1 To UBound(ret, 2)
        theSheet.Cells(i + 1, 1).Value = "" & ret(1, i)
        theSheet.Cells(i + 1, 2).Value = "" & ret(2, i)
        theSheet.Cells(i + 1, 3).Value = "" & ret(3, i)
        theSheet.Cells(i + 1, 4).Value = "" & ret(4, i)
        theSheet.Cells(i + 1, 5).Value = "" & ret(5, i)
        theSheet.Cells(i + 1, 6).Value = "" & ret(6, i)
        theSheet.Cells(i + 1, 7).Value = "" & ret(7, i)
        theSheet.Cells(i + 1, 8).Value = "" & ret(8, i)
        theSheet.Cells(i + 1, 9).Value = i
```

```
    Next
End Sub
```

2. Gestion du backlog par le Product Owner :
   Le deuxième ensemble d'opérations sur le backlog regroupe les opérations de gestion du backlog par le Product Owner. Il est lancé par un nouveau bouton ajouté au menu nommé « Backlog ».

Les données du backlog seront stockées dans les deux feuilles Excel « DB_Backlog » et « DB_UsByTeam ».

La feuille « DB_Backlog » contient les données suivantes :

- Identifiant de la tâche : Identifiant technique de la tâche provenant du Kanboard.
- Titre : Description de la tâche.
- Swimlane : Projet client auquel la tâche appartient, il correspond au regroupement horizontal des tâches sur le Kanboard.
- Colonne : Statut de la tâche correspond à la colonne du Kanboard dans laquelle la tâche se trouve.
- Nom de l'assigné : La personne à laquelle la tâche est affectée sur le Kanboard.
- Date de début : La date souhaitée du début de la tâche. Elle est saisie sur la tâche dans le Kanbord. Si cette date n'est pas saisie, le début de la tâche est attendu au plus tôt.
- Temps estimé : L'estimation de la tâche saisie en heures sur le Kanboard.
- Temps passé : Le consommé sur la tâche saisi en heures sur le Kanboard.

- Ordre : Cette colonne ne provient pas du Kanboard. Elle est ajoutée pour permettre d'ordonner les tâches du backlog avec un ordre incrémental. Cet ordre représente la priorisation du backlog.

La feuille « DB_UsByTeam » va compléter les données de la feuille précédente, elle contient les données suivantes :

- Identifiant de la tâche : Identifiant technique de la tâche provenant du Kanboard.
- Role : Cette donnée n'existe pas sur le Kanboard. Elle vient compléter les données pour permettre de ventiler les tâches sur les profils de l'équipe (DBA, Java, SQL…).
- Freeze : Cette donnée n'existe pas sur le Kanboard, elle vient compléter les données et permet d'organiser une pratique informelle. Celle-ci consiste à ne pas lancer certains types de tâches dans les périodes de clôtures des fins des mois. Ces périodes sont connues sous le nom de périodes de gel. Cette donnée va permettre de signaler et de distinguer les tâches à ne pas lancer dans ces périodes et va permettre une ventilation correcte des tâches pour créer un planning de sprints.

Le lancement de cette fonctionnalité va afficher une fenêtre représentant le backlog :

DIGITALIZED AGILE – Empirical Genesis

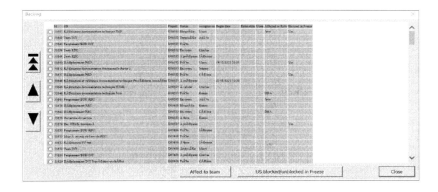

Elle contient la liste de toutes les tâches qui ne sont ni dans la colonne « Archivée » du Kanboard, ni dans l'État « Fermé ». Ces données proviennent des feuilles « DB_Backlog » et « DB_UsByTeam ». La liste est ordonnée par ordre croissant de tâches qui représente un tri décroissant sur la priorité des tâches.

Le chemin pour afficher le formulaire est le suivant :

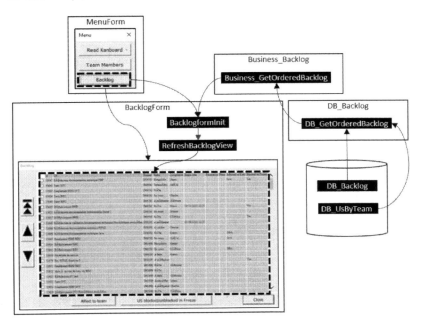

Sur la marge gauche de la fenêtre du backlog, on trouve trois boutons qui vont permettre de modifier la priorisation des tâches. A noter que la priorité est un ordre unique, c'est-à-dire qu'il est impossible que deux tâches aient la même priorité. Le bouton « Top » va permettre de rendre une tâche sélectionnée la plus prioritaire de toutes les tâches. Le bouton « Up » permettra d'augmenter la priorité de la tâche sélectionnée d'un niveau. Le bouton « Down » permettra de diminuer la priorité de la tâche sélectionnée d'un niveau. La priorité est sauvegardée dans la colonne « Ordre » de la feuille « DB_Backlog ». Après chaque modification de priorité, une mise à jour de la liste des tâches de la fenêtre est faite à partir des feuilles « DB_UsByTeam » et « DB_Backlog ».

Le chemin de cette gestion de priorité est le suivant :

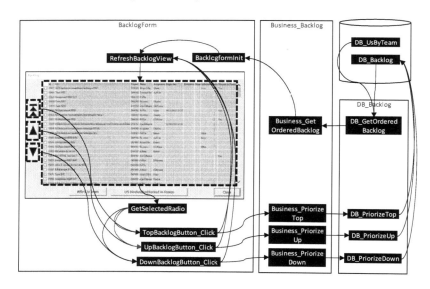

On trouve également sur la fenêtre du backlog une autre action « Affect to Team ». Elle va permettre d'identifier le profil qui doit réaliser une tâche. Après avoir sélectionné une tâche, on peut lancer cette action. Elle va ouvrir une fenêtre « Team Selection » contenant la liste déroulante de tous les profils de la feuille « DB_Roles ». Si la tâche sélectionnée est déjà rattachée à un profil, la liste est initialisée par le profil affecté. En sélectionnant un profil et en validant, ce dernier sera affecté à la tâche sélectionnée.

Le chemin correspondant est le suivant :

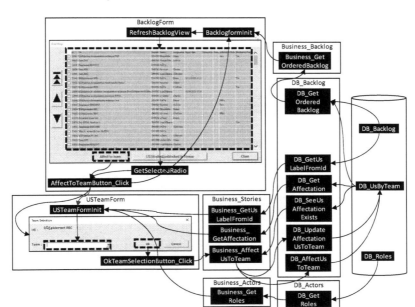

Sur la fenêtre du backlog se trouve une autre action « US blocked/unblocked in Freeze ». Elle permet de signaler qu'une tâche ne doit pas se dérouler lors des gels de fin du mois. Lorsqu'on déclenche cette action sur une tâche sélectionnée, l'information est sauvegardée dans la feuille « DB_UsByTeam ». Ensuite, la liste des tâches est mise à jour dans la fenêtre du backlog.

Le chemin de cette action est la suivante :

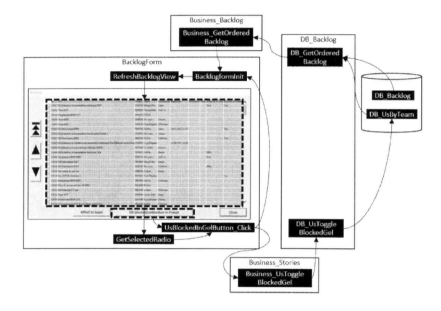

Le code de la gestion du backlog par le Product Owner est le suivant :

Feuille MenuForm

Private Sub BacklogButton_Click()
  MenuForm.Hide
  BacklogForm.BacklogFormInit
  BacklogForm.Show
End Sub

Feuille BacklogForm
Private backlog() As String

```
Public Sub BacklogFormInit()
 backlog = Business_GetOrderedBacklog()
 RefreshBacklogView
End Sub
```

```
Public Sub RefreshBacklogView()
 Dim theHtml As String
 Dim i As Long

 theHtml = ""
 theHtml = theHtml & "<table>"
 theHtml = theHtml & "<tr>"
 theHtml = theHtml & "<td></td>"
 theHtml = theHtml & "<td bgcolor=#9BC2E6 "
 theHtml = theHtml & "style='font-size:11px;'>Id</td>"
 theHtml = theHtml & "<td bgcolor=#9BC2E6 "
 theHtml = theHtml & "style='font-size:11px;'>US</td>"
 theHtml = theHtml & "<td bgcolor=#9BC2E6 "
 theHtml = theHtml & "style='font-size:11px;'>Project</td>"
 theHtml = theHtml & "<td bgcolor=#9BC2E6 "
 theHtml = theHtml & "style='font-size:11px;'>Status</td>"
 theHtml = theHtml & "<td bgcolor=#9BC2E6 style='font-size:11px;'>"
 theHtml = theHtml & "Assignation</td>"
 theHtml = theHtml & "<td bgcolor=#9BC2E6 "
 theHtml = theHtml & "style='font-size:11px;'>Begin date</td>"
 theHtml = theHtml & "<td bgcolor=#9BC2E6 "
 theHtml = theHtml & "style='font-size:11px;'>Estimation</td>"
 theHtml = theHtml & "<td bgcolor=#9BC2E6 "
 theHtml = theHtml & "style='font-size:11px;'>Done</td>"
 theHtml = theHtml & "<td bgcolor=#9BC2E6 style='font-size:11px;'>"
 theHtml = theHtml & "Affected to Role</td>"
 theHtml = theHtml & "<td bgcolor=#9BC2E6 style='font-size:11px;'>"
 theHtml = theHtml & "Blocked in Freeze</td>"
 theHtml = theHtml & "</tr>"

 For i = 1 To UBound(backlog, 2)
   DoEvents
   theHtml = theHtml & "<tr style='font-size:11px;'>"
   theHtml = theHtml & "<td bgcolor=#BDD7EE><input type='radio' id='"
   theHtml = theHtml & backlog(1, i) & "' name='rd'/></td>"
   theHtml = theHtml & "<td bgcolor=#BDD7EE style='font-size:11px;'> "
   theHtml = theHtml & backlog(1, i) & "</td>"
   theHtml = theHtml & "<td bgcolor=#BDD7EE style='font-size:11px;'> "
   theHtml = theHtml & backlog(2, i) & "</td>"
   theHtml = theHtml & "<td bgcolor=#BDD7EE style='font-size:11px;'> "
   theHtml = theHtml & backlog(3, i) & "</td>"
   theHtml = theHtml & "<td bgcolor=#BDD7EE style='font-size:11px;'> "
```

```
    theHtml = theHtml & backlog(4, i) & "</td>"
    theHtml = theHtml & "<td bgcolor=#BDD7EE style='font-size:11px;'> "
    theHtml = theHtml & backlog(5, i) & "</td>"
    theHtml = theHtml & "<td bgcolor=#BDD7EE style='font-size:11px;'> "
    theHtml = theHtml & backlog(6, i) & "</td>"
    theHtml = theHtml & "<td bgcolor=#BDD7EE style='font-size:11px;'> "
    theHtml = theHtml & backlog(7, i) & "</td>"
    theHtml = theHtml & "<td bgcolor=#BDD7EE style='font-size:11px;'> "
    theHtml = theHtml & backlog(8, i) & "</td>"
    theHtml = theHtml & "<td bgcolor=#BDD7EE style='font-size:11px;'> "
    theHtml = theHtml & backlog(9, i) & "</td>"
    theHtml = theHtml & "<td bgcolor=#BDD7EE style='font-size:11px;'> "
    theHtml = theHtml & backlog(10, i) & "</td>"
    theHtml = theHtml & "</tr>"
    Next

    theHtml = theHtml & "</table>"

    WebBrowser1.Navigate ("about:blank")
    DoEvents
    WebBrowser1.Document.body.innerHTML = theHtml
    DoEvents
End Sub


Private Sub AffectToTeamButton_Click()
    Dim selectedId As String

    selectedId = GetSelectedRadio()
    If selectedId = "" Then
        MsgBox "You must select a US !"
        Exit Sub
    End If

    USTeamForm.USTeamFormInit selectedId
    USTeamForm.Show

    BacklogFormInit
End Sub


Private Sub UsBlockedInFreezeButton_Click()
    Dim selectedId As String

    selectedId = GetSelectedRadio()
    If selectedId = "" Then
        MsgBox "You must select a US !"
        Exit Sub
    End If
```

```
Business_UsToggleBlockedFreeze selectedId

BacklogFormInit
End Sub
```

```
Private Sub TopBacklogButton_Click()
Dim i As Long
Dim selectedI As Long
Dim backlogItem(10) As String
Dim selectedId As String

selectedId = GetSelectedRadio()
If selectedId = "" Then
  MsgBox "You must select a US !"
  Exit Sub
End If

Business_PriorizeTop selectedId

For selectedI = 1 To UBound(backlog, 2)
  If backlog(1, selectedI) = selectedId Then Exit For
Next

backlogItem(1) = backlog(1, selectedI)
backlogItem(2) = backlog(2, selectedI)
backlogItem(3) = backlog(3, selectedI)
backlogItem(4) = backlog(4, selectedI)
backlogItem(5) = backlog(5, selectedI)
backlogItem(6) = backlog(6, selectedI)
backlogItem(7) = backlog(7, selectedI)
backlogItem(8) = backlog(8, selectedI)
backlogItem(9) = backlog(9, selectedI)
backlogItem(10) = backlog(10, selectedI)

For i = selectedI To 2 Step -1
  backlog(1, i) = backlog(1, i - 1)
  backlog(2, i) = backlog(2, i - 1)
  backlog(3, i) = backlog(3, i - 1)
  backlog(4, i) = backlog(4, i - 1)
  backlog(5, i) = backlog(5, i - 1)
  backlog(6, i) = backlog(6, i - 1)
  backlog(7, i) = backlog(7, i - 1)
  backlog(8, i) = backlog(8, i - 1)
  backlog(9, i) = backlog(9, i - 1)
  backlog(10, i) = backlog(10, i - 1)
Next

backlog(1, 1) = backlogItem(1)
backlog(2, 1) = backlogItem(2)
```

```vb
    backlog(3, 1) = backlogItem(3)
    backlog(4, 1) = backlogItem(4)
    backlog(5, 1) = backlogItem(5)
    backlog(6, 1) = backlogItem(6)
    backlog(7, 1) = backlogItem(7)
    backlog(8, 1) = backlogItem(8)
    backlog(9, 1) = backlogItem(9)
    backlog(10, 1) = backlogItem(10)
    
    RefreshBacklogView
    
    SelectRadio 0
End Sub

Private Sub UpBacklogButton_Click()
    Dim i As Long
    Dim selectedId As String
    Dim backlogItem(10) As String
    
    selectedId = GetSelectedRadio()
    If selectedId = "" Then
        MsgBox "You must select a US !"
        Exit Sub
    End If
    
    Business_PriorizeUp selectedId
    
    For i = 1 To UBound(backlog, 2)
        If backlog(1, i) = selectedId Then
            If i = 1 Then Exit Sub
            backlogItem(1) = backlog(1, i - 1)
            backlogItem(2) = backlog(2, i - 1)
            backlogItem(3) = backlog(3, i - 1)
            backlogItem(4) = backlog(4, i - 1)
            backlogItem(5) = backlog(5, i - 1)
            backlogItem(6) = backlog(6, i - 1)
            backlogItem(7) = backlog(7, i - 1)
            backlogItem(8) = backlog(8, i - 1)
            backlogItem(9) = backlog(9, i - 1)
            backlogItem(10) = backlog(10, i - 1)
            
            backlog(1, i - 1) = backlog(1, i)
            backlog(2, i - 1) = backlog(2, i)
            backlog(3, i - 1) = backlog(3, i)
            backlog(4, i - 1) = backlog(4, i)
            backlog(5, i - 1) = backlog(5, i)
            backlog(6, i - 1) = backlog(6, i)
            backlog(7, i - 1) = backlog(7, i)
            backlog(8, i - 1) = backlog(8, i)
```

```
    backlog(9, i - 1) = backlog(9, i)
    backlog(10, i - 1) = backlog(10, i)

    backlog(1, i) = backlogItem(1)
    backlog(2, i) = backlogItem(2)
    backlog(3, i) = backlogItem(3)
    backlog(4, i) = backlogItem(4)
    backlog(5, i) = backlogItem(5)
    backlog(6, i) = backlogItem(6)
    backlog(7, i) = backlogItem(7)
    backlog(8, i) = backlogItem(8)
    backlog(9, i) = backlogItem(9)
    backlog(10, i) = backlogItem(10)
    Exit For
  End If
Next

RefreshBacklogView

SelectRadio i - 2
End Sub
```

```
Private Sub CloseBacklogButton_Click()
  BacklogForm.Hide
End Sub
```

```
Private Sub SelectRadio(i As Long)
  Dim doc As HTMLDocument
  Dim radios As IHTMLElementCollection
  Dim radio As HTMLOptionButtonElement

  Set doc = WebBrowser1.Document
  Set radios = doc.getElementsByName("rd")
  Set radio = radios(i)
  radio.Checked = True
End Sub
```

```
Private Function GetSelectedRadio() As String
  Dim doc As HTMLDocument
  Dim radios As IHTMLElementCollection
  Dim radio As HTMLOptionButtonElement

  Set doc = WebBrowser1.Document
  Set radios = doc.getElementsByName("rd")
  For Each radio In radios
    If radio.Checked Then
      GetSelectedRadio = radio.id
```

```
        Exit Function
      End If
    Next
    GetSelectedRadio = ""
End Function
```

Feuille USTeamForm

```
Public theUsId As String
```

```
Public Sub USTeamFormInit(id As String)
  Dim ret() As String
  Dim i As Integer
  Dim team As String
  Dim us As String

  theUsId = id

  us = Business_GetUsLabelFromId(id)
  UsLabel.Caption = us

  team = Business_GetAffectation(theUsId)

  ret = Business_GetRoles()
  TeamComboBox.Clear
  For i = 1 To UBound(ret, 2)
    TeamComboBox.AddItem ret(1, i)
    If ret(1, i) = team Then
      TeamComboBox.ListIndex = TeamComboBox.ListCount - 1
    End If
  Next
End Sub
```

```
Private Sub CancelTeamSelectionButton_Click()
  USTeamForm.Hide
End Sub
```

```
Private Sub OkTeamSelectionButton_Click()
  If TeamComboBox.Value = "" Then
    MsgBox "You must select a Team !"
    Exit Sub
  End If

  Business_AffectUsToTeam theUsId, TeamComboBox.Value
  USTeamForm.Hide
End Sub
```

Module Business_Backlog

```
Public Function Business_GetOrderedBacklog()
  Business_GetOrderedBacklog = DB_GetOrderedBacklog
End Function
```

```
Public Sub Business_PriorizeUp(selectedId As String)
  DB_PriorizeUp selectedId
End Sub
```

```
Public Sub Business_PriorizeDown(selectedId As String)
  DB_PriorizeDown selectedId
End Sub
```

```
Public Sub Business_PriorizeTop(selectedId As String)
  DB_PriorizeTop selectedId
End Sub
```

Module Business_Actors

```
Public Function Business_GetRoles() As String()
  Business_GetRoles = DB_GetRoles
End Function
```

Module Business_Stories

```
Public Function Business_GetUsLabelFromId(id As String) As String
  Business_GetUsLabelFromId = DB_GetUsLabelFromId(id)
End Function
```

```
Public Function Business_GetAffectation(usId As String) As String
  Business_GetAffectation = DB_GetAffectation(usId)
End Function
```

```
Public Sub Business_AffectUsToTeam(usId As String, team As String)
  Dim ret As Boolean
```

```
  ret = DB_SeeUsAffectationExists(usId)
  If ret Then
    DB_UpdateAffectationUsToTeam usId, team
  Else
    DB_AffectUsToTeam usId, team
  End If
End Sub
```

```
Public Sub Business_UsToggleBlockedFreeze(selectedId As String)
  DB_UsToggleBlockedFreeze selectedId
End Sub
```

Module DB_Actors

```
Public Function DB_GetRoles() As String()
  Dim sql As String
  Dim ret() As String

  sql = "SELECT Role FROM [DB_Roles$]"
  ret = LocalRequest(sql)
  DB_GetRoles = ret
End Function
```

Module DB_Backlog

```
Public Function DB_GetOrderedBacklog()
  Dim sql As String
  Dim ret() As String

  'Read the backlog content
  '------------------------
  sql = ""
  sql = sql & "SELECT a.[Identifiant de la tâche],"
  sql = sql & "     a.Titre,"
  sql = sql & "     a.Swimlane,"
  sql = sql & "     a.Colonne,"
  sql = sql & "     a.[Nom de l'assigné],"
  sql = sql & "     a.[Date de début],"
  sql = sql & "     a.[Temps estimé],"
  sql = sql & "     a.[Temps passé],"
  sql = sql & "     b.Role,"
  sql = sql & "     b.Freeze"
  sql = sql & " FROM [DB_Backlog$] AS a"
  sql = sql & " LEFT OUTER JOIN [DB_UsByTeam$] AS b"
  sql = sql & "     ON a.[Identifiant de la tâche] ="
```

```vb
  sql = sql & "         b.[Identifiant de la tâche]"
  sql = sql & " ORDER BY a.Ordre"
  ret = LocalRequest(sql)
  DB_GetOrderedBacklog = ret
End Function
```

```vb
Public Function DB_GetUsLabelFromId(id As String) As String
  Dim sql As String
  Dim ret() As String

  sql = ""
  sql = sql & "SELECT Titre FROM [DB_Backlog$]"
  sql = sql & "WHERE [Identifiant de la tâche]="
  sql = sql & id & ""

  ret = LocalRequest(sql)
  DB_GetUsLabelFromId = ret(1, 1)
End Function
```

```vb
Public Function DB_GetAffectation(usId As String) As String
  Dim sql As String
  Dim ret() As String

  sql = ""
  sql = sql & "SELECT Role FROM [DB_UsByTeam$]"
  sql = sql & "WHERE [Identifiant de la tâche]="
  sql = sql & usId & ""
  ret = LocalRequest(sql)
  If UBound(ret, 2) = 0 Then
    DB_GetAffectation = ""
  Else
    DB_GetAffectation = ret(1, 1)
  End If
End Function
```

```vb
Public Function DB_SeeUsAffectationExists(usId As String) As Boolean
  Dim sql As String
  Dim ret() As String

  sql = ""
  sql = sql & "SELECT Role FROM [DB_UsByTeam$] "
  sql = sql & "WHERE [Identifiant de la tâche] = "
  sql = sql & usId & ""
  ret = LocalRequest(sql)
  If UBound(ret, 2) = 0 Then
    DB_SeeUsAffectationExists = False
  Else
```

```vb
      DB_SeeUsAffectationExists = True
   End If
End Function
```

```vb
Public Function DB_UpdateAffectationUsToTeam(usId As String, team As String)
   Dim sql As String

   sql = ""
   sql = sql & "UPDATE [DB_UsByTeam$] SET Role='" & team & "'"
   sql = sql & " WHERE  [Identifiant de la tâche]= '" & usId & "'"
   LocalInsertOrUpdate sql
End Function
```

```vb
Public Sub DB_AffectUsToTeam(usId As String, team As String)
   Dim sql As String

   sql = ""
   sql = sql & "INSERT INTO [DB_UsByTeam$]([Identifiant de la tâche],"
   sql = sql & "            Role) "
   sql = sql & "VALUES ('" & usId & "', '" & team & "')"
   LocalInsertOrUpdate sql
End Sub
```

```vb
Public Sub DB_PriorizeDown(selectedId As String)
   Dim sql As String
   Dim theOrder As String
   Dim ret() As String

   'Get selected Order
   sql = ""
   sql = sql & "SELECT Ordre FROM [DB_Backlog$]"
   sql = sql & "WHERE [Identifiant de la tâche]='"
   sql = sql & selectedId & "'"
   ret = LocalRequest(sql)
   theOrder = ret(1, 1)

   'Get Max order
   sql = "SELECT MAX(Ordre) FROM [DB_Backlog$]"
   ret = LocalRequest(sql)
   If CLng(theOrder) = CLng(ret(1, 1)) Then Exit Sub

   'Shift backlog down
   sql = ""
   sql = sql & "UPDATE [DB_Backlog$] SET Ordre=(Ordre - 1) WHERE Ordre ="
   sql = sql & (theOrder + 1)
   LocalInsertOrUpdate sql
```

```
'Shift above down
sql = ""
sql = sql & "UPDATE [DB_Backlog$] SET Ordre=(Ordre + 1)"
sql = sql & " WHERE [Identifiant de la tâche] ="
sql = sql & "'" & selectedId & "'"
LocalInsertOrUpdate sql
End Sub
```

```
Public Sub DB_PriorizeTop(selectedId As String)
  Dim sql As String
  Dim theOrder As String
  Dim ret() As String

  'Get selected Order
  sql = ""
  sql = sql & "SELECT Ordre FROM [DB_Backlog$]"
  sql = sql & "WHERE [Identifiant de la tâche]='"
  sql = sql & selectedId & "'"
  ret = LocalRequest(sql)
  theOrder = ret(1, 1)

  If theOrder = 1 Then Exit Sub

  'Shift backlog down
  sql = "UPDATE [DB_Backlog$] SET Ordre=(Ordre + 1)"
  LocalInsertOrUpdate sql

  'Shift selected US
  sql = ""
  sql = sql & "UPDATE [DB_Backlog$]"
  sql = sql & "  SET Ordre=1 WHERE [Identifiant de la tâche]='"
  sql = sql & selectedId & "'"
  LocalInsertOrUpdate sql

  ReorderBacklog
End Sub
```

```
Public Sub DB_PriorizeUp(selectedId As String)
  Dim sql As String
  Dim theOrder As String
  Dim ret() As String

  'Get selected Order
  sql = ""
  sql = sql & "SELECT Ordre FROM [DB_Backlog$]"
  sql = sql & "WHERE [Identifiant de la tâche]='"
  sql = sql & selectedId & "'"
  ret = LocalRequest(sql)
```

```
theOrder = ret(1, 1)

If theOrder = 1 Then Exit Sub

'Shift backlog down
sql = ""
sql = sql & "UPDATE [DB_Backlog$] SET Ordre=(Ordre + 1) WHERE Ordre ="
sql = sql & (CLng(theOrder) - 1)
LocalInsertOrUpdate sql

'Shift above down
sql = ""
sql = sql & "UPDATE [DB_Backlog$] SET Ordre=(Ordre - 1) "
sql = sql & "WHERE [Identifiant de la tâche]='" & selectedId & "'"
LocalInsertOrUpdate sql
End Sub
```

```
Public Sub DB_UsToggleBlockedFreeze(selectedId As String)
    Dim sql As String
    Dim theOrder As String
    Dim ret() As String

    sql = ""
    sql = sql & "SELECT Freeze FROM [DB_UsByTeam$]"
    sql = sql & "WHERE [Identifiant de la tâche]='"
    sql = sql & selectedId & "'"
    ret = LocalRequest(sql)
    If UBound(ret, 2) = 0 Then
      sql = ""
      sql = sql & " INSERT INTO [DB_UsByTeam$]([Identifiant de la tâche],"
      sql = sql & "               Freeze) "
      sql = sql & "VALUES ('" & selectedId & "', 'Yes')"
      LocalInsertOrUpdate sql
    Else
      If ret(1, 1) = "Yes" Then
        sql = ""
        sql = sql & "UPDATE [DB_UsByTeam$] SET Freeze = '' "
        sql = sql & "WHERE [Identifiant de la tâche]='" & selectedId & "'"
      Else
        sql = ""
        sql = sql & "UPDATE [DB_UsByTeam$] SET Freeze = 'Yes' "
        sql = sql & "WHERE [Identifiant de la tâche]= '" & selectedId & "'"
      End If
      LocalInsertOrUpdate sql
    End If
End Sub
```

En résumé :

Ce chapitre a montré la construction d'un backlog d'équipe unique et la mise en œuvre des rituels et des processus pour sa gestion. Il est mis à jour avec les données opérationnelles par une synchronisation avec le Kanboard. Il va permettre une centralisation des demandes pour permettre de construire une planification future des demandes.

Chapitre 9 – Stories Roadmap

Dans ce livre, Stories Roadmap fait référence à l'association du trajet parcouru par les User Stories jusqu'à ce jour avec la planification attendue par les clients dans le futur.

Le Kanboard fournit à l'équipe facilement et en un seul coup d'œil un état actuel des tâches. L'historique est visible, mais moins aisément. Par exemple, si une tâche est bloquée, elle apparaît sur le Kanboard dans la colonne « Bloquée ». En affichant dans Kanboard le détail de cette tâche précise, un membre de l'équipe peut déduire depuis quand elle est passée dans cette colonne. Pour visualiser l'histoire complète parcourue par cette tâche, il peut regarder dans Kanboard le flux d'activité et l'analyser pour déduire la trajectoire suivie.

Avec les extractions et en m'appuyant sur Excel, j'ai décidé de constituer l'historique d'une tâche. Il permettra une visibilité plus intéressante. Je peux avoir sur une même vue un visuel de l'historique jusqu'au jour actuel de l'ensemble des tâches d'un projet. Ce visuel rend le suivi des tâches beaucoup plus simple, instantané et complet. Pour avoir une vue opérationnelle et restreinte, je peux la limiter aux tâches non terminées (statut différent de « Archivée » et « Terminée ») et aux tâches ouvertes (État différent de « Fermée »).

Cette vue focalisera donc l'attention sur les demandes d'un projet qui sont en cours ou à venir.

Pour que cette vue soit encore plus intéressante, je vais permettre d'avoir sur la même vue une sélection de plusieurs projets. Ceci aidera les chefs de projets qui pilotent en parallèle plusieurs projets à avoir une vue consolidée de leur portefeuille.

Une étape préliminaire s'impose avant de commencer à penser à des projections dans le temps : La construction d'un calendrier. J'ai prévu une feuille Excel « Calendar » pour l'accueillir :

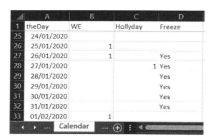

Les mises à jour de la feuille « Calendar » étant rares, je me contente d'une gestion manuelle de cette feuille sans construction de code VBA. Il faut y saisir les années ciblées par les projets. La colonne « theDay » est prévue pour contenir les jours de ces années. Je saisis ces dates depuis la date de début d'utilisation du Kanboard jusqu'à la fin de l'année contenant le projet qui se terminera en dernier. Pour prendre en compte de nouveaux projets, je peux ajouter les jours année par année quand j'en ai besoin.

La deuxième colonne « WE » est déduite par la formule Excel : « =SI(JOURSEM(A5)=7;1;SI(JOURSEM(A5)=1;1;"")) ». Il ne faut pas ensuite oublier de transformer ces formules en valeurs en copiant la colonne puis en la collant en tant que valeurs sur la même colonne. Cette opération permet de ne garder que les valeurs résultantes des formules.

La colonne « Hollyday » doit contenir la valeur « 1 » pour les jours fériés.

La colonne « Freeze » doit contenir la valeur « Yes » lorsqu'une journée est une journée de gel de fin de mois.

La vue « Stories Roadmap » prendra la forme d'un Gantt. Elle va permettre une visibilité dans le temps de la vie de l'ensemble des tâches non terminées des projets sélectionnés. Elle se présentera avec un axe de temps horizontal et un axe de tâches vertical. Chaque ligne correspondra à une tâche. Pour une tâche, je vais afficher :

- Les dates de création et complétion de la tâche
- Les dates de début et d'échéance de la tâche. Elles permettront de voir la planification prévue et validée par le client et le chef de projet.
- Les différentes étapes de la vie de la tâche. Elles seront associées à un code couleur pour les distinguer visuellement.

Il est intéressant d'afficher sur cette vue les jours de gel des fins des mois. Ils seront présentés en jours grisés.

Ce Gantt va ressembler à l'image suivante :

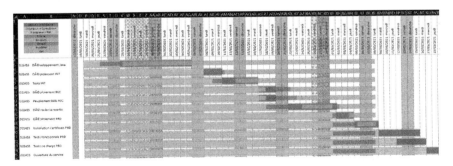

Une partie des informations affichées sur ce Gantt viendront de la feuille « DB_KanboardHist » qui contient l'historique des modifications des tâches.

Un bouton « Stories Roadmap » est ajouté au menu principal pour accéder à cette fonctionnalité.

Le déclenchement de cette fonctionnalité va commencer par lister l'ensemble des projets récupérés du Kanboard.

La liste des projets est construite dans un contrôle « TreeView ». Il permet d'ajouter pour chaque ligne une checkbox. En activant les checkboxes, on peut sélectionner un ou plusieurs projets.

L'utilisateur sélectionne les projets à visualiser.

Ensuite, la construction du Gantt se déroule selon les étapes suivantes :

- La liste des tâches en cours des projets sélectionnés est récupérée de la feuille « DB_KanboardRead ». Elle subit un filtrage sur les tâches qui sont dans les colonnes « Terminée » et « Archivée » ou ayant l'état « Fermé ».
- Les mouvements de chacune des tâches de cette liste sont récupérés de la feuille « DB_KanboardHist ».
- La construction du Gantt commence par l'identification de ses dates d'extrémités. Ces dates sont déduites des données « Date d'échéance », « Date de création », « Date de modification », « Date de complétion » et « Date de début » de chacun des mouvements des tâches.
- La préparation de la feuille consiste à créer une feuille vierge « DaysStoriesRoadmap ». Ensuite, horizontalement, les entêtes des colonnes de la feuille sont initialisés avec les dates en parcourant tout le créneau déjà identifié par les dates des extrémités.
- Les jours de week-ends et les jours de gels de fins de mois sont identifiés visuellement sur la vue.
- Une charte graphique des couleurs est construite pour permettre d'identifier les étapes de vie des tâches. Elle comporte les couleurs suivantes :
    - Gris foncé : Le créneau entre la date de début et la date d'échéance de la tâche.
    - Gris clair : Le créneau entre la date de création et la date de complétion de la tâche.
    - Jaune clair : Les créneaux dans lesquels la tâche est en statut « A préparer » ou « Prêt ».
    - Jaune : Les créneaux dans lesquels la tâche est en statut « A faire ».
    - Vert clair : Les créneaux dans lesquels la tâche est en statut « En cours ».
    - Rouge : Les créneaux dans lesquels la tâche est en statut « Bloquée ».
    - Orange : Les créneaux dans lesquels la tâche est en statut « A valider ».
    - Vert : Les créneaux dans lesquels la tâche est en statut « Terminée ». Même si les tâches ayant ce statut ne s'affichent pas actuellement sur cette vue, je préfère afficher cette couleur dans la Charte. Ça permet de garder la possibilité d'ajouter ces tickets dans le futur sur cette vue. A

titre d'exemple, on peut décider d'afficher les tâches de statut « Terminée » mais non encore « Archivée » qui représentent les tâches terminées dans le Sprint en cours. Pour rappel, à la fin du Sprint, une nouvelle règle consiste à passer les tickets qui ont le statut « Terminée » vers « Archivée ». Elle permet de distinguer les tâches terminées en cours du Sprint des tâches terminées dans les Sprints précédents.

- Lorsque la vue est prête pour accueillir le Gantt, on peut commencer à le dessiner. Je dois parcourir l'ensemble des lignes récupérées de la feuille « DB_KanboardRead ».
    o Remarque importante : Les lignes récupérées de la feuille « DB_KanboardHist » peuvent contenir des modifications sous forme « <Ancienne Valeur> → <Nouvelle Valeur> ». Il faut donc décomposer la donnée pour récupérer la bonne valeur.
    o Le projet en question ainsi que la tâche sont récupérés à partir des données de la ligne puis écrits sur la marge gauche de la vue.
    o L'identifiant technique de la tâche fourni par Kanboard est la seule donnée qui identifie d'une manière unique une tâche. C'est un champ qui ne peut être modifié. Il est donc utilisé pour rassembler les lignes représentant les modifications d'une tâche.
    o Les dates de création, début, échéance et complétion d'une tâche sont déduites de l'ensemble des modifications de la tâche de façon que les modifications sur ces dates soient prises en compte :
        ▪ La date de création est fixée par Kanboard et correspond à la date de création du ticket, elle est la même sur l'ensemble des modifications.
        ▪ La date de début est la dernière date de début trouvée sur les lignes des modifications. Dans le cas où elle n'est pas renseignée, elle est initialisée par défaut à la date de création de la tâche.
        ▪ La date d'échéance est la dernière date d'échéance trouvée sur les lignes des modifications. Dans le cas où elle n'est pas renseignée, elle est initialisée par défaut à la date de début de la tâche.
        ▪ La date de complétion est la dernière date de complétion trouvée sur les lignes des modifications. Si elle n'est pas renseignée, elle est initialisée par défaut à la date d'échéance de la tâche.
    Deux rectangles sont dessinés sur la vue sur la ligne

correspondant à la tâche du projet. Le premier parcourt le créneau partant de la date de création jusqu'à la date de complétion et représente la durée de vie de la tâche. Le deuxième parcourt le créneau partant de la date de début jusqu'à la date d'échéance et représente la planification de la tâche.

- La tâche est construite de plusieurs rectangles correspondant aux différentes lignes représentant les modifications subies par le ticket Kanboard. Ils commencent par la date de création et se terminent à la date actuelle. Ces rectangles se succèdent chaque fois qu'une ligne de modifications est rencontrée en se basant sur la date de modification extraite de la ligne. Un premier rectangle parcourt le créneau allant de la date de création jusqu'à la première date de modification. Un deuxième parcourt le créneau allant de la première date de modification jusqu'à la deuxième date de modification. Le cycle continue ainsi de suite jusqu'au dernier rectangle qui arrive à la date du jour. Chaque rectangle est dessiné avec une couleur correspondant au statut lu sur la ligne de modification en respectant la charte graphique décrite précédemment.

Le chemin de cette fonctionnalité est le suivant :

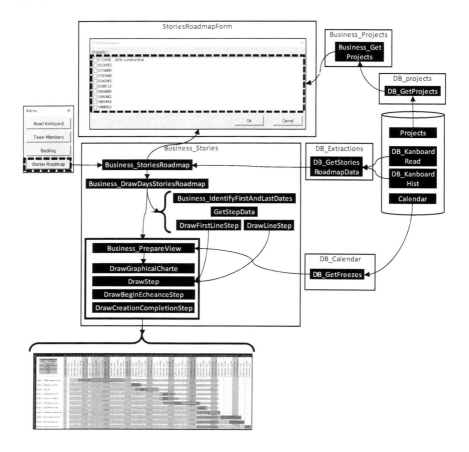

Le code de cette fonctionnalité est le suivant :

Feuille MenuForm

```
Private Sub StoriesRoadmapButton_Click()
  MenuForm.Hide
  Business_StoriesRoadmap
End Sub
```

Module Business_Stories

```
Public Sub Business_StoriesRoadmap()
  Dim ret() As String
  Dim projects() As String

  'Enter Stories Roadmap View parameters
  '----------------------------------
  StoriesRoadmapForm.StoriesRoadmapFormInit
  StoriesRoadmapForm.Show
  If StoriesRoadmapForm.answered <> "Y" Then Exit Sub

  'Get stories Roadmap parameters
  '-----------------------------
  projects = StoriesRoadmapForm.GetProjects()
  If UBound(projects) = 0 Then Exit Sub

  'Get Stories roadmap Data
  '----------------------
  ret = DB_GetStoriesRoadmapData(projects, False)

  'Draw Stories Roadmap
  '------------------
  Business_DrawDaysStoriesRoadmap ret
End Sub
```

```
Public Sub Business_DrawDaysStoriesRoadmap(data() As String)
  Dim firstDay As Date
  Dim lastDay As Date
  Dim i As Integer
  Dim thesheet As Worksheet
  Dim ln As Integer
  Dim project As String
  Dim s() As String
  Dim us As String
  Dim id As String
  Dim dateCreation As String
  Dim dateDebut As String
  Dim dateEcheance As String
  Dim dateCompletion As String
  Dim dateModification As String
  Dim status As String
  Dim bDrawPlanning As Boolean

  'Find first and last view days
  '---------------------------
  Business_IdentifyFirstAndLastDates firstDay, lastDay, data

  'Prepare view
  '-----------
  Business_PrepareView firstDay, lastDay, "DaysStoriesRoadmap"
```

```
'Draw users stories
'------------------
ln = 5
Set thesheet = ThisWorkbook.Sheets("DaysStoriesRoadmap")
For i = 1 To UBound(data, 2)

  GetStepData data, i, project, us, id, dateCreation, dateDebut, _
        dateEcheance, dateCompletion, dateModification

  thesheet.Cells(ln, 1).Value = project
  thesheet.Cells(ln, 2).Value = us
  thesheet.Cells(ln + 1, 2).Value = " "

  'Rectangle modification piece
  '----------------------------
  If i = 1 Then '             If this is the first line
    DrawFirstLineStep dateCreation, dateModification, data, thesheet, _
            firstDay, ln
  Else
    DrawLineStep i, data, dateCreation, dateModification, thesheet, _
          firstDay, ln

    s = Split(data(2, i), " --> ")
    status = s(UBound(s))
    bDrawPlanning = False
    If i = UBound(data, 2) Then
      bDrawPlanning = True
    Else
      If id <> data(4, i + 1) Then
        bDrawPlanning = True
      End If
    End If

    If bDrawPlanning Then
      ' Rectangle début <--> échéance
      '------------------------------
      DrawBeginEcheanceStep dateDebut, dateEcheance, firstDay, ln, thesheet

      ' Rectangle création <--> complétion
      '-----------------------------------
      DrawCreationCompletionStep dateCreation, dateCompletion, _
              firstDay, ln, thesheet
    End If

    If i < UBound(data, 2) Then
      If id <> data(4, i + 1) Then
        ln = ln + 2
      End If
    End If
```

```
      End If
    Next
End Sub
```

Module Business_DatesView

```
Public Sub Business_IdentifyFirstAndLastDates( ByRef firstDay As Date, _
                       ByRef lastDay As Date, _
                       data() As String)
  Dim i As Integer
  Dim d As Date

  firstDay = Now

  lastDay = Now + 90

  For i = 1 To UBound(data, 2)

    If data(6, i) <> "" Then
      d = CDate(Right(data(6, i), 16))
      If d < firstDay Then firstDay = d
      If d > lastDay Then lastDay = d
    End If

    If CDate(data(8, i)) < firstDay Then firstDay = CDate(data(8, i))
    If CDate(data(8, i)) > lastDay Then lastDay = CDate(data(8, i))

    If data(9, i) <> "" Then
      d = CDate(Right(data(9, i), 16))
      If d < firstDay Then firstDay = d
      If d > lastDay Then lastDay = d
    End If

    If data(10, i) <> "" Then
      d = CDate(Right(data(10, i), 16))
      If d < firstDay Then firstDay = d
      If d > lastDay Then lastDay = d
    End If

    If data(11, i) <> "" Then
      d = CDate(Right(data(11, i), 16))
      If d < firstDay Then firstDay = d
      If d > lastDay Then lastDay = d
    End If
  Next

  firstDay = CDate(Format(firstDay, "dd/mm/yyyy"))
  lastDay = CDate(Format(lastDay, "dd/mm/yyyy")) + 1
```

```
End Sub


Public Sub Business_PrepareView ( firstDay As Date, lastDay As Date, _
                sheetname As String)
  Dim thesheet As Worksheet
  Dim col As Integer
  Dim freezes() As String
  Dim theRange As Range
  Dim theDay As Date
  Dim i As Integer

  col = 3

  DeleteSheetThenCreateIt sheetname
  Set thesheet = ThisWorkbook.Sheets(sheetname)
  PaintWhiteSheet ThisWorkbook, sheetname
  FontCalibri9Sheet sheetname
  thesheet.Rows("2:3").Orientation = 90
  Set theRange = thesheet.Columns("C:XFD")
  theRange.Borders(xlEdgeLeft).LineStyle = xlDot
  theRange.Borders(xlEdgeTop).LineStyle = xlNone
  theRange.Borders(xlEdgeBottom).LineStyle = xlNone
  theRange.Borders(xlEdgeRight).LineStyle = xlDot
  theRange.Borders(xlInsideVertical).LineStyle = xlDot
  theRange.Borders(xlInsideHorizontal).LineStyle = xlNone
  theRange.ColumnWidth = 2.11
  thesheet.Range("C4").Select
  ActiveWindow.FreezePanes = True

  theDay = firstDay

  Do While theDay <= lastDay
    thesheet.Cells(2, col).Value = WeekdayName(Weekday(theDay, 2))
    If thesheet.Cells(2, col).Value = "samedi" _
      Or thesheet.Cells(2, col).Value = "dimanche" Then
      thesheet.Columns(col).Interior.Color = RGB(200, 200, 200)
    End If
    thesheet.Cells(3, col).Value = Format(theDay, "'dd/mm/yyyy")
    col = col + 1
    theDay = theDay + 1
  Loop

  'Graying Freezes
  '--------------
  freezes = DB_GetFreezes(firstDay, lastDay)
  For i = 1 To UBound(freezes, 2)
    col = CDate(freezes(1, i)) - CDate(firstDay) + 3
    thesheet.Columns(col).Interior.Pattern = xlGray16
  Next
```

```
DrawGraphicalCharte sheetname, 10, RGB(100, 100, 100), _
        "Début <-> Echéance"
DrawGraphicalCharte sheetname, 20, RGB(200, 200, 200), _
        "Création <-> Complétion"
DrawGraphicalCharte sheetname, 30, getStatusColor("A préparer"), _
        "A préparer / Prêt"
DrawGraphicalCharte sheetname, 40, getStatusColor("A faire"), "A faire"
DrawGraphicalCharte sheetname, 50, _
        getStatusColor("En cours"), "En cours"
DrawGraphicalCharte sheetname, 60, getStatusColor("Bloquée"), "Bloqué"
DrawGraphicalCharte sheetname, 70, _
        getStatusColor("A valider"), "A valider"
DrawGraphicalCharte sheetname, 80, _
        getStatusColor("Terminée"), "Terminée"

End Sub
```

```
Public Sub DrawGraphicalCharte(sheetname As String, y As Single, _
                theColor As Long, theText As String)
    Dim theShape As Shape
    Dim thesheet As Worksheet

    Set thesheet = ThisWorkbook.Sheets(sheetname)
    Set theShape = DrawColoredRectangle(thesheet.Name, 15, y, 90, 9, theColor)
    theShape.Fill.Transparency = 0.2
    theShape.TextFrame2.TextRange.Font.Size = 8
    theShape.TextFrame2.TextRange.Text = theText
    theShape.TextFrame2.MarginLeft = 2.8346456693
    theShape.TextFrame2.MarginRight = 2.8346456693
    theShape.TextFrame2.MarginTop = 0
    theShape.TextFrame2.MarginBottom = 0
    theShape.TextFrame2.TextRange.Font.Fill.ForeColor.RGB = RGB(0, 0, 0)
    theShape.TextFrame2.TextRange.ParagraphFormat.Alignment = msoAlignCenter
    theShape.TextFrame2.VerticalAnchor = msoAnchorMiddle
End Sub
```

```
Public Function getStatusColor(status As String) As Long
    Select Case status
      Case "A faire"
        getStatusColor = RGB(255, 255, 0)
      Case "A valider"
        getStatusColor = RGB(255, 204, 102)
      Case "Bloquée"
        getStatusColor = RGB(255, 0, 0)
      Case "En cours"
        getStatusColor = RGB(204, 255, 102)
      Case "Archivée"
```

```
    getStatusColor = RGB(102, 255, 102)
  Case "A préparer"
    getStatusColor = RGB(255, 255, 153)
  Case "Terminée"
    getStatusColor = RGB(102, 255, 102)
  Case "Prête"
    getStatusColor = RGB(255, 255, 0)
  End Select
End Function
```

```
Public Sub GetStepData _
( _
    data() As String, _
    i As Integer, _
    ByRef project As String, _
    ByRef us As String, _
    ByRef id As String, _
    ByRef dateCreation As String, _
    ByRef dateDebut As String, _
    ByRef dateEcheance As String, _
    ByRef dateCompletion As String, _
    ByRef dateModification As String _
)
  Dim s() As String

  'Get Step data
  '-------------
  project = data(1, i)
  s = Split(project, " --> ")
  project = s(UBound(s))

  us = data(3, i)
  s = Split(us, " --> ")
  us = s(UBound(s))

  id = data(4, i)

  'Calculate planning dates
  '------------------------
  dateCreation = data(8, i)
  dateDebut = data(11, i)
  dateEcheance = data(6, i)
  dateCompletion = data(10, i)
  dateModification = data(9, i)

  If dateDebut = "" Then dateDebut = dateCreation
  If dateEcheance = "" Then dateEcheance = dateDebut
  If dateCompletion = "" Then dateCompletion = dateEcheance
```

```vb
    s = Split(dateEcheance, " --> ")
    dateEcheance = s(UBound(s))
    s = Split(dateCompletion, " --> ")
    dateCompletion = s(UBound(s))
    s = Split(dateDebut, " --> ")
    dateDebut = s(UBound(s))
End Sub
```

```vb
Public Sub DrawStep(date1 As String, date2 As String, _
            thesheet As Worksheet, _
            firstDay As Date, ln As Integer, status As String)
    Dim nbDays As Integer
    Dim percentage As Double
    Dim x As Single
    Dim y As Single
    Dim dx As Single
    Dim dy As Single
    Dim theShape As Shape

    If CDate(date1) >= CDate(date2) Then Exit Sub

    nbDays = CDate(Left(date1, 10)) - firstDay
    percentage = (CLng(Format(CDate(date1), "hh")) * 3600 _
            + CLng(Format(CDate(date1), "nn")) * 60 _
            + CLng(Format(CDate(date1), "ss"))) / (24 * 36)

    x = thesheet.Cells(ln, nbDays + 3).Left + _
        thesheet.Cells(ln, nbDays + 3).Width * percentage / 100
    y = thesheet.Cells(ln, 1).Top
    dx = (CDate(date2) - CDate(date1)) * thesheet.Cells(ln, nbDays+3).Width
    dy = thesheet.Cells(ln, 1).Height

    Set theShape = DrawColoredRectangle(thesheet.Name, x, y, dx, dy, _
            getStatusColor(status))
    theShape.ZOrder msoSendToBack
    theShape.Fill.Transparency = 0.2
End Sub
```

```vb
Public Sub DrawFirstLineStep ( dateCreation As String, _
                dateModification As String, _
                data() As String, _
                thesheet As Worksheet, firstDay As Date, _
                ln As Integer)
    Dim date1 As String
    Dim date2 As String
    Dim date3 As String
    Dim statuses() As String
    Dim status As String
```

```vb
  Dim dateModifications() As String

  date1 = dateCreation '            Begin by creation date
  dateModifications = Split(dateModification, " --> ")
  date2 = dateModifications(0)
  If UBound(dateModifications) = 0 Then ' If there is only one
                        ' modification date
    statuses = Split(data(2, 1), " --> ")
    status = statuses(0)
    DrawStep date1, date2, thesheet, firstDay, In, status
    date1 = date2
    date2 = Format(Now, "dd/mm/yyyy hh:nn")
    If 1 < UBound(data, 2) Then
      If data(4, 1) = data(4, 2) Then
        dateModifications = Split(data(9, 2), " --> ")
        date2 = dateModifications(UBound(dateModifications))
      End If
    End If
    status = statuses(UBound(statuses))
    DrawStep date1, date2, thesheet, firstDay, In, status
  Else '                      Two modification dates
    date3 = dateModifications(1)
    statuses = Split(data(2, 1), " --> ")
    status = statuses(0)
    DrawStep date1, date2, thesheet, firstDay, In, status
    date1 = date2
    date2 = date3
    DrawStep date1, date2, thesheet, firstDay, In, status
    date1 = date2
    date2 = Format(Now, "dd/mm/yyyy hh:nn")
    If 1 < UBound(data, 2) Then
      If data(4, 1) = data(4, 2) Then
        dateModifications = Split(data(9, 2), " --> ")
        date2 = dateModifications(UBound(dateModifications))
      End If
    End If
    status = statuses(UBound(statuses))
    DrawStep date1, date2, thesheet, firstDay, In, status
  End If
End Sub


Public Sub DrawLineStep _
( _
  i As Integer, _
  data() As String, _
  dateCreation As String, _
  dateModification As String, _
  thesheet As Worksheet, _
  firstDay As Date, _
```

```
        ln As Integer _
)
    Dim date1 As String
    Dim date2 As String
    Dim statuses() As String
    Dim status As String
    Dim dateModifications() As String

    If data(4, i) = data(4, i - 1) Then
      dateModifications = Split(dateModification, " --> ")
      date1 = dateModifications(UBound(dateModifications))
      date2 = Format(Now, "dd/mm/yyyy hh:nn")
      If i < UBound(data, 2) Then
        If data(4, i) = data(4, i + 1) Then
          dateModifications = Split(data(9, i + 1), " --> ")
          date2 = dateModifications(UBound(dateModifications))
        End If
      End If
      statuses = Split(data(2, i), " --> ")
      status = statuses(UBound(statuses))
      DrawStep date1, date2, thesheet, firstDay, ln, status
    Else
      date1 = dateCreation
      dateModifications = Split(dateModification, " --> ")
      date2 = dateModifications(UBound(dateModifications))
      statuses = Split(data(2, i), " --> ")
      status = statuses(0)
      DrawStep date1, date2, thesheet, firstDay, ln, status
      date1 = date2
      date2 = Format(Now, "dd/mm/yyyy hh:nn")
      If i < UBound(data, 2) Then
        If data(4, i) = data(4, i + 1) Then
          dateModifications = Split(data(9, i + 1), " --> ")
          date2 = dateModifications(UBound(dateModifications))
        End If
      End If
      status = statuses(UBound(statuses))
      DrawStep date1, date2, thesheet, firstDay, ln, status
    End If
End Sub


Public Sub DrawBeginEcheanceStep ( dateDebut As String, _
                    dateEcheance As String, _
                    firstDay As Date, ln As Integer, _
                    thesheet As Worksheet)
    Dim nbDays As Long
    Dim percentage As Single
    Dim x As Single
    Dim y As Single
```

```vb
    Dim dx As Single
    Dim dy As Single
    Dim theShape As Shape
    
    If CDate(dateDebut) = CDate(dateEcheance) Then
        dateEcheance = Format(CDate(dateDebut) + 0.2, "dd/mm/yyyy hh:nn")
    End If
    If CDate(dateDebut) < CDate(dateEcheance) Then
     nbDays = CDate(Left(dateDebut, 10)) - firstDay
     percentage = (CLng(Format(CDate(dateDebut), "hh")) * 3600 + _
            CLng(Format(CDate(dateDebut), "nn")) * 60 + _
            CLng(Format(CDate(dateDebut), "ss"))) / (24 * 36)
    
     x = thesheet.Cells(ln, nbDays + 3).Left + _
        thesheet.Cells(ln, nbDays + 3).Width * percentage / 100
     y = thesheet.Cells(ln, 1).Top
     dx = (CDate(dateEcheance) - CDate(dateDebut)) * _
        thesheet.Cells(ln, nbDays + 3).Width
     dy = thesheet.Cells(ln, 1).Height
    
     Set theShape = DrawColoredRectangle("DaysStoriesRoadmap", x, _
                        y - 2, dx, _
                        dy + 4, RGB(100, 100, 100))
     theShape.ZOrder msoSendToBack
     theShape.Fill.Transparency = 0.2
    End If
End Sub


Public Sub DrawCreationCompletionStep ( dateCreation As String, _
                    dateCompletion As String, _
                    firstDay As Date, ln As Integer, _
                    thesheet As Worksheet)
    Dim nbDays As Long
    Dim percentage As Single
    Dim x As Single
    Dim y As Single
    Dim dx As Single
    Dim dy As Single
    Dim theShape As Shape
    
    If CDate(dateCreation) = CDate(dateCompletion) Then
     dateCompletion = Format(CDate(dateCreation) + 0.2, "dd/mm/yyyy hh:nn")
    End If
    If CDate(dateCreation) < CDate(dateCompletion) Then
     nbDays = CDate(Left(dateCreation, 10)) - firstDay
     percentage = (CLng(Format(CDate(dateCreation), "hh")) * 3600 + _
            CLng(Format(CDate(dateCreation), "nn")) * 60 + _
            CLng(Format(CDate(dateCreation), "ss"))) / (24 * 36)
```

```vb
    x = thesheet.Cells(ln, nbDays + 3).Left + _
       thesheet.Cells(ln, nbDays + 3).Width * percentage / 100
    y = thesheet.Cells(ln, 1).Top
    dx = (CDate(dateCompletion) - CDate(dateCreation)) * _
       thesheet.Cells(ln, nbDays + 3).Width
    dy = thesheet.Cells(ln, 1).Height

    Set theShape = DrawColoredRectangle("DaysStoriesRoadmap", _
                       x, y - 4, dx, _
                       dy + 8, RGB(200, 200, 200))
    theShape.ZOrder msoSendToBack
    theShape.Fill.Transparency = 0.2
  End If
End Sub
```

Feuille StoriesRoadmapForm

```vb
Public answered As String
Private projects() As String
```

```vb
Public Function GetProjects() As String()
  GetProjects = projects
End Function
```

```vb
Public Sub StoriesRoadmapFormInit()
  Dim ret() As String
  Dim i As Integer

  answered = ""

  ret = Business_GetProjects()
  TreeView1.Nodes.Clear
  For i = 1 To UBound(ret, 2)
    TreeView1.Nodes.Add , , ret(1, i), ret(1, i)
  Next
End Sub
```

```vb
Private Sub StoriesRoadmapCancelButton_Click()
  StoriesRoadmapForm.Hide
End Sub
```

```vb
Private Sub StoriesRoadmapOkButton_Click()
  Dim theNode As Node
```

```
  ReDim projects(0)
  For Each theNode In TreeView1.Nodes
    If theNode.Checked Then
      ReDim Preserve projects(UBound(projects) + 1)
      projects(UBound(projects)) = theNode.Text
    End If
  Next
  answered = "Y"
  StoriesRoadmapForm.Hide
End Sub
```

Module Business_Projects

```
Public Function Business_GetProjects() As String()
  Business_GetProjects = DB_GetProjects()
End Function
```

Module DB_Projects

```
Public Function DB_GetProjects() As String()
  Dim sql As String
  Dim ret() As String

  sql = "SELECT projectName FROM [Projects$]"
  ret = LocalRequest(sql)
  DB_GetProjects = ret
End Function
```

Module DB_Extractions

```
Public Function DB_GetStoriesRoadmapData _
( _
  projects() As String, _
  showEnded as Boolean _
)
  Dim sql As String
  Dim ret() As String
  Dim i As Integer

  sql = ""
  sql = sql & "SELECT c.Swimlane,"
  sql = sql & "       b.colonne,"
  sql = sql & "       b.Titre,"
```

```
sql = sql & "    b.[Identifiant de la tâche],"
sql = sql & "    b.couleur,"
sql = sql & "    b.[Date d'échéance],"
sql = sql & "    b.[Nom de l'assigné],"
sql = sql & "    b.[Date de création],"
sql = sql & "    b.[Date de modification],"
sql = sql & "    b.[Date de complétion],"
sql = sql & "    b.[Date de début]"
sql = sql & " FROM"
sql = sql & " ("
sql = sql & "    SELECT a.[Identifiant de la tâche], a.Swimlane"
sql = sql & "    FROM [DB_KanboardRead$] AS a"
sql = sql & "    WHERE"
sql = sql & "    a.État = 'Ouvert' "
If Not showEnded Then
  sql = sql & "    AND a.Colonne <> 'Terminée'"
  sql = sql & "    AND a.Colonne <> 'Archivée'"
End If
For i = 1 To UBound(projects)
  If i = 1 Then
    sql = sql & " AND ("
  Else
    sql = sql & " OR "
  End If
  sql = sql & " a.Swimlane = '" & projects(i) & "'"
Next
sql = sql & "    )"
sql = sql & " ) AS c"
sql = sql & " LEFT OUTER JOIN [DB_KanboardHist$] AS b"
sql = sql & "    ON CSTR(c.[Identifiant de la tâche]) ="
sql = sql & "      CSTR(b.[Identifiant de la tâche])"
sql = sql & " ORDER BY c.Swimlane,"
sql = sql & "    b.[Date de création],"
sql = sql & "    b.[Identifiant de la tâche],"
sql = sql & "    CDATE(RIGHT(b.[Date de modification],16))"

ret = LocalRequest(sql)
DB_GetStoriesRoadmapData = ret
End Function
```

Module Technical_Sheet

```
Public Sub PaintWhiteSheet(theWorkbook As Workbook, sheetName As String)
  theWorkbook.Sheets(sheetName).Cells.Interior.Color = RGB(255, 255, 255)
End Sub
```

```
Public Sub FontCalibri9Sheet(sheetName As String)
```

```vb
ThisWorkbook.Sheets(sheetName).Cells.Font.Size = 9
ThisWorkbook.Sheets(sheetName).Cells.Font.Name = "Calibri"
End Sub
```

Module DB_Calendar

```vb
Public Function DB_GetFreezes(firstDay As Date, lastDay As Date) As String()
Dim sql As String
Dim ret() As String
Dim d1 As String
Dim d2 As String

d1 = Format(firstDay, "dd/mm/yyyy")
d2 = Format(lastDay +1 "dd/mm/yyyy")
sql =""
sql = sql & "SELECT theDay FROM [Calendar$]"
sql = sql & "WHERE Freeze='Yes'"
sql = sql & "  AND CDATE(theDay) >= CDATE('" & d1 & "')"
sql = sql & "  AND CDATE(theDay) <= CDATE('" & d2 & "')"
ret = LocalRequest(sql)
DB_GetFreezes = ret
End Function
```

Module Technical_Shapes

```vb
Public Function DrawColoredRectangle _
        ( _
          sheetName As String, x As Single, y As Single, _
          dx As Single, _
          dy As Single, theColor As Long _
        ) As Shape
 Dim rect As Shape
 Set rect = ThisWorkbook.Sheets(sheetName).Shapes.AddShape( _
                            msoShapeRectangle, _
                            x, y, dx, dy)
 rect.Line.Weight = 0.25
 rect.Fill.ForeColor.RGB = theColor
 Set DrawColoredRectangle = rect
End Function
```

En résumé :

Dans ce chapitre, j'ai montré la construction d'une vue Gantt représentant les cycles de vie de l'ensemble des tickets non terminés d'un ou de plusieurs projets. Elle permet :

- Un suivi centralisé des travaux en cours ou planifiés sur les projets.
- D'identifier les écarts qui ont eu lieu par rapport au planning de référence.
- De voir le planning de référence futur des tâches.
- De voir le passage des tickets dans les différentes phases et le temps passé par le ticket dans chaque phase. Par exemple, avec la couleur rouge, on peut identifier combien de temps un ticket est resté dans la colonne « Bloquée ». En conséquence, on a la possibilité d'intervenir rapidement pour éliminer une cause de blocage d'un ticket dès qu'il dépasse par exemple une journée dans cette colonne. On peut identifier aussi qu'un ticket prévu pour une réalisation qui s'étend sur cinq jours vient de passer plus que ce qui est attendu. Le Chef de projet peut intervenir pour demander à la ressource technique les raisons de cet écart dans l'objectif de faciliter le règlement du sujet.

Chapitre 10 – Sprints

L'équipe travaillait semaine par semaine, ce qui correspondait à des sprints d'une semaine.

Les travaux de la semaine à venir étaient préparés le vendredi de la semaine en cours lors d'une réunion hebdomadaire regroupant toute l'équipe. Dans cette réunion, chaque chef de projet exposait son besoin en j/h par type de ressource pour la semaine qui allait démarrer. Ce besoin était calculé mentalement par le chef de projet et ne se basait pas sur des estimations faites par les ressources concernées. Le besoin était donc très approximatif. Certains chefs de projet affichaient le détail de leurs propres estimations par activité pour en calculer leur besoin. D'autres se limitaient à demander le nombre de jours par profil sans détailler. J'avais identifié plusieurs chefs de projets inexpérimentés qui demandaient moins que le besoin des tâches à réaliser la semaine suivante. Ces Chefs de Projets se trouvaient donc fréquemment en fin de semaine avec des tâches non terminées à replanifier.

Lors de cette réunion, les ressources étaient affectées aux chefs de projet selon leurs besoins en j/h et les capacités de l'équipe. J'avais remarqué que les estimations en j/h utilisées pour réserver les ressources quand elles étaient affichées ne correspondaient pas aux estimations en heures saisies sur les tickets Kanboard. C'est-à-dire que l'estimation faite sur une tâche au lancement du projet n'était pas respectée, regardée ou suivie lorsque la tâche démarrait.

Pour perturber au minimum le fonctionnement de l'équipe, je décide de garder la cadence déjà en œuvre et de déclarer officiellement que le sprint a une taille d'une semaine.

Ensuite, je décide d'officialiser et de réorienter la réunion existante tous les vendredis en la transformant en un vrai Sprint Planning.

Je propose que le Sprint Planning démarre toujours par une séance d'estimation qui s'étale sur un quart d'heure. Lors de cette séance, les ressources vont faire des estimations sur les tickets (User Stories, activités) selon leurs profils. Les membres d'un profil estiment les tickets correspondants au profil. Lorsqu'un projet démarrera, l'accent sera mis sur l'estimation des tâches de ce projet. La réestimation se fait en parcourant le Product Backlog du haut (plus prioritaire) en bas (moins prioritaire). La réestimation consiste à valider la précédente estimation ou à la corriger. Lorsqu'on parcourt le backlog de haut en bas, si on arrive à une User Story à réaliser par les DBAs, ce sont les DBAs de l'équipe et seulement eux qui l'estiment. Les membres de l'équipe qui font l'estimation peuvent se référer aux abaques pour s'en inspirer ou pour les corriger. Ces estimations sont saisies directement en heures sur les tickets dans Kanboard. Pour éliminer les conflits d'estimations, les tickets dans Kanboard sont les seuls porteurs des estimations.

Je décide que la séance d'exposition des besoins des chefs de projet en j/h par type de ressources soit remplacée par une séance de priorisation du Product Backlog dans le Sprint Planning. Lors de cette séance, les chefs de projets négocient entre eux mais aussi avec le Product Owner les priorisations. Cette pratique est censée motiver les chefs de projet à étudier plus profondément leurs besoins car cette priorisation va permettre de définir automatiquement le contenu des futurs Sprints en partant du haut du Product Backlog et en se basant sur les estimations saisies sur les tâches.

Cette séance de priorisation doit rester une séance officielle malgré le fait que la priorisation peut être mise à jour dès que le besoin se présente lors d'un sprint.

Pour le reste du Sprint Planning, le contenu des prochains sprints est automatiquement calculé puis affiché. L'équipe s'approprie ce contenu pour maîtriser la prochaine étape.

À la suite du Sprint Planning, l'équipe enchaîne en rétrospective qui est constituée de deux volets :

- Un volet qui traite les points forts et les améliorations concernant les membres de l'équipe, les relations, les processus et les outils. Il fournira un plan d'action. Je propose d'utiliser la méthode « Speed Boat ». Cette méthode permet d'identifier visuellement et rapidement les points essentiels par juxtaposition des avis de plusieurs membres de l'équipe sur ces mêmes sujets.
- Un volet plus technique qui se concentre sur les estimations et les consommés pour améliorer le processus d'estimation. Les membres de l'équipe appartenant à un profil se pencheront sur les User Stories qui les concernent. L'équipe traitera les tickets terminés lors du sprint actuel. Elle comparera le consommé par rapport aux estimations. Exceptionnellement, pour chaque dernière rétrospective d'un mois, une analyse mensuelle élargie sur les estimations/consommés préconstruite par le PO sera partagée avec l'équipe. Elle ne se limitera pas à une comparaison sur ticket, mais doit porter l'analyse sur des axes comme : Les User Stories qui impliquent les mêmes gestes techniques (exemple : Archiver une base de données, déployer une application...), comparaison par

ressources ou type de ressource traitant les tickets, comparaison entre projets... L'équipe prendra le temps de commenter l'analyse ou de la compléter. Elle pourra identifier des actions d'amélioration. Elle pourra décider de compléter et mettre à jour les abaques d'estimation.

Pour maîtriser le planning de cette équipe, il faut construire un Sprints planning. Il permettra de voir une proposition d'affectation des User stories dans le temps. Il donnera une visibilité sur plusieurs sprints et peut donc donner une idée assez précise sur le respect des jalons clés des projets.

Les prérequis pour la construction du Sprints Planning sont les suivants :

- Priorisation des User Stories : Cette priorisation va permettre d'affecter les User Stories selon leurs priorités. Les plus prioritaires seront planifiées aux premiers sprints. La priorité permettra d'arbitrer entre les User Stories pour cette planification.
- Estimation des User Stories : Si les User Stories ne sont pas estimées, il est impossible de les planifier et de les prévoir sur un Sprint.
- Affectation des User Stories à des profils : Si nous ne savons pas encore quel profil réalise une User Story, on ne peut pas calculer la possibilité de sa prise en charge par les membres de ce profil sur un sprint.
- Calculer la capacité de l'équipe sur un sprint : cette capacité va permettre de définir le périmètre d'un sprint. Pour cela, il faut avoir les données suivantes :
  - Le nombre de personnes formant l'équipe.
  - Les absences de chacun des membres de l'équipe.
  - Le nombre de jours ouvrés et les jours fériés.
  - Avoir le profil de chaque membre de l'équipe, car un profil ne peut pas réaliser les User Stories d'un autre profil.
- Repérer les zones de gels des fins des mois car certaines User Stories ne sont pas réalisables dans ces zones.

Je construis un algorithme robotisé qui va ventiler les User Stories sur les Sprints. Ayant tous ces prérequis satisfaits avec leurs données enregistrées dans l'outil, il affichera une proposition prenant en compte tous ces paramètres. Cette planification sera plus précise quand on est plus précis sur ces paramètres. Elle peut s'étendre plus loin dans le temps et donner plus de profondeur à la visibilité lorsqu'on étale plus loin la définition de ces paramètres. A titre d'exemple, si on estime le haut du backlog sur une profondeur qui correspond approximativement à trois fois la vélocité de l'équipe, on aura la visibilité de la planification sur les trois prochains sprints. Si on estime sur une profondeur correspondant à 3 mois de vélocité, on peut avoir une visibilité sur trois mois. A noter que cette visibilité dépend aussi des autres paramètres cités.

Pour déclencher cette fonctionnalité, j'ajoute un bouton « Sprints » au menu principal :

Le lancement de cette fonctionnalité commence par identifier les ressources actives dans la base de données. Ces ressources, en tenant compte de leurs profils, sont à la base du calcul de la vélocité ou de la capacité d'absorption de l'équipe sur un sprint.

A partir du début du Sprint actuel, pour chacune des ressources, il faut identifier les jours non travaillés et les jours travaillés. On identifie les congés, les jours fériés et les week-ends. La combinaison de ces données dans un « Calendrier des ressources » va permettre de voir la disponibilité de l'ensemble des ressources sur la prochaine période à partir du début du Sprint actuel.

Il est évident que la recherche dans ce calendrier va être une fonction consommatrice en temps de réponse. La solution est de construire un tableau d'index qui permet d'avoir directement pour chaque ressource son premier jour de disponibilité.

Une fois le « Calendrier des ressources » prêt, il est temps d'aller chercher la liste des User Stories priorisée du Backlog. Je vais lui appliquer trois filtres. Le premier va filtrer les User Stories qui ne sont pas estimées, le second va filtrer les User Stories dont l'estimation a déjà été consommée et le troisième va filtrer les User Stories qui ne sont pas affectées à un profil. Ces filtres nous débarrassent des User Stories qui ne sont pas encore prêtes pour la planification.

Ensuite, on va parcourir la liste des User Stories prêtes à être planifiées par ordre de priorité. Pour chacune, il faut chercher la meilleure possibilité de la réaliser, en regardant la meilleure ressource qui peut la prendre en charge. Cette opération est réalisée en parcourant toutes les ressources, trouvant celles qui appartiennent au profil qui est censé la réaliser, puis en voyant laquelle de ces ressources est disponible le plus tôt. Une fois la meilleure ressource identifiée, l'affectation peut commencer en utilisant l'estimation faite sur le ticket Kanboard. Cette estimation est faite en heures, il faut donc la diviser par huit pour l'avoir en jours. L'affectation de cette User Story à cette ressource va se faire en remplissant l'identifiant de la tâche dans un tableau calendrier d'affectation des ressources. Ce tableau a la forme suivante :

DIGITALIZED AGILE – Empirical Genesis

	A	B	C	D	E	F	G	H	I	J
1			DBA	DBA	Java	Java	Java	Java	DBA	DBA
2	Dates	Gel	AdÃ¨le	CÃ©line	Carlos	Charles	JÃ©rome	Johnny	Kenzo	Manu
3	12/09/20		#53640	#53645	#53647	#53636	#53644#53649	#53652#53648	#53637#53634	#53646
4	13/09/20		#53640#53638	#53645	#53647	#53636#53643	#53649	#53648	#53634	#53646#53642
5	14/09/20		#53638	#53645#53635#53630	#53647#53676	#53643	#53649	#53648#53533	#53634#53629	#53642
6	15/09/20		#53638#53628	#53630	#53676#53632#53627	#53643#53639	#53663#53574	#53633	#53629	#53642
7	16/09/20		#53628#53595	#53630	#53627	#53639#53674	#53574	#53673	#53596	#53642#53599
8	17/09/20									
9	18/09/20									
10	19/09/20		#53595	#53630#53584	#53627	#53674	#53574#53670	#53673#53571	#53596	#53599
11	20/09/20		#53595#53582	#53584	#53627	#53674	#53670	#53671	#53596	#53599
12	21/09/20		#53582#53581#53579	#53584	#53627	#53674	#53670	#53671	#53596#53578	#53599
13	22/09/20		#53579	#53584	#53669	#53674	#53670#53666	#53671#53664	#53578	#53599
14	23/09/20		#53579	#53584#53611	#53669	#53667	#53666	#53664	#53578	#53599#53598
15	24/09/20									
16	25/09/20									
17	26/09/20	Yes	#53579#53613	#53611	#53669	#53667	#53666	#53664	#53578#53610	#53598
18	27/09/20	Yes		#53611#53608		#53667#53662	#53666#53661	#53664#53651	#53610	#53598
19	28/09/20	Yes		#53608		#53662#53660#53657	#53661	#53651#53658	#53610	#53598#53607
20	29/09/20	Yes		#53608		#53657	#53661	#53658#53654	#53610	#53601#53751
21	30/09/20	Yes		#53608		#53657	#53661	#53654	#53752	#53751
22	01/10/20									
23	02/10/20									
24	03/10/20		#53747	#53608#53746	#53656#53655	#53657	#53661	#53654	#53752	#53751
25	04/10/20		#53747	#53746#53745	#53655	#53657#53653#53624	#53661#53665	#53654#53526	#53744	#53751#53777
26	05/10/20		#53747	#53745	#53655#53593	#53624	#53665	#53626	#53744#53776	#53777
27	06/10/20		#53747#53774#53773	#53745	#53593	#53624#53592	#53665	#53626	#53776	#53777#53754
28	07/10/20		#53773#53765	#53745	#53593	#53592	#53665	#53626	#53776	#53754
29	08/10/20									

Suite à cette affectation, le calendrier des ressources est mis à jour pour refléter la disponibilité des ressources. Voici la forme de ce calendrier :

	A	B	C	D	E	F	G	H	I	J	K
1			DBA	DBA	Java	Java	Java	Java	DBA	DBA	
2	Dates	Gel	AdÃ¨le	CÃ©line	Carlos	Charles	JÃ©rome	Johnny	Kenzo	Manu	
3	11/07/20		1	1	1	1	1	1	1	1	
4	12/07/20		1	1	1	1	1	1	1	1	
5	13/07/20		1	1	1	1	1	1	1	0	
6	14/07/20		0	1	1	1	1	1	1	0	
7	15/07/20		0	0	1	1	1	1	1	0	
8	16/07/20		1	1	1	1	1	1	1	1	
9	17/07/20		1	1	1	1	1	1	1	1	
10	18/07/20		0	0	1	0,25	0	1	1	0	
11	19/07/20		0	0	1	0	0	1	1	0	
12	20/07/20		0	0	0,5	0	0	1	1	0	
13	21/07/20		0	0	0	0	0	1	1	0	
14	22/07/20		0	0	0	0	0	1	1	0	
15	23/07/20		1	1	1	1	1	1	1	1	
16	24/07/20		1	1	1	1	1	1	1	1	
17	25/07/20		0	0	0	0	0	0	1	0	
18	26/07/20	Yes	0	0	0	0	0	0	1	0	
19	27/07/20	Yes	0	0	0	0	0	0	1	0	
20	28/07/20	Yes	0	0	0	0	0	0	1	0	
21	29/07/20	Yes	0	0	0	0	0	0	1	0	
22	30/07/20	Yes	1	1	1	1	1	1	1	1	
23	31/07/20	Yes	1	1	1	1	1	1	1	1	
24	01/08/20		0	0	0	0	0	0	0	0	
25	02/08/20		0	0	0	0	0	0	0	0	
26	03/08/20		0	0	0	0	0	0	0	0	
27	04/08/20		0	0	0	0	0	0	0	0	

Le résultat de cet exercice est une vue orientée ressources. Cet algorithme affecte les tickets à des ressources nominatives pour pouvoir construire une projection dans le temps des tickets cohérente avec la disponibilité de l'équipe. Néanmoins, je souhaite garder opérationnellement la pratique agile d'auto-organisation de l'équipe. L'auto-organisation passe par la sélection des tâches par les membres de l'équipe en réunion quotidienne. L'objectif est donc de faire abstraction des ressources dans l'outil. La vue basée sur l'affectation des tickets à des ressources doit être transformée en une vue basée sur les User Stories. On va donc passer le tableau précédent par une série de transformations, la première est de supprimer les ressources et de le baser sur les User Stories.

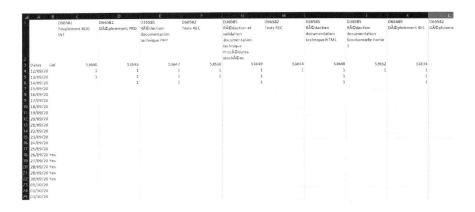

La deuxième transformation a pour objectif de préparer, améliorer et optimiser la vue finale de la planification des sprints. Elle consiste à déplacer à gauche par ordre croissant de démarrage les User Stories.

La vue Sprints Planning est construite dans la feuille « Sprints ». Elle est préparée avec les dates (sur axe vertical) regroupées par sprints. Je commence par afficher l'entête qui liste les projets en haut de la feuille avec une charte graphique. Les couleurs des projets sont calculées au hasard. Ensuite, en me basant sur le tableau calculé précédemment, des tâches correspondant aux User Stories vont remplir le tableau. Ces tâches respectent les codes couleur des projets. Elles s'étalent sur les jours correspondants dans le tableau précédent.

Je tiens à mentionner que l'équipe estimait en J/h. Pour perturber au minimum le fonctionnement de l'équipe, et malgré le passage en mode agile, je ne souhaite pas passer à une estimation par points de difficultés. Il est toujours possible à l'équipe si elle le souhaite dans le futur de passer à ce mode d'estimation.

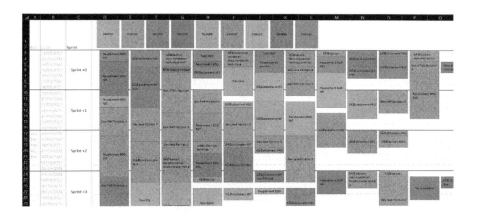

Je vais faciliter l'exploitation de cette vue en donnant la possibilité de la focaliser sur un projet donné. Je vais ajouter une macro sur les fiches projets qui forment l'entête de la feuille. Cette macro permet de filtrer de la vue toutes les tâches n'appartenant pas au projet sélectionné. Elle purifie la vue et permet de voir la proposition de planification des tâches d'un projet. Lorsque ce filtre est activé, un contour est ajouté autour de la fiche projet sélectionnée pour la mettre en évidence.

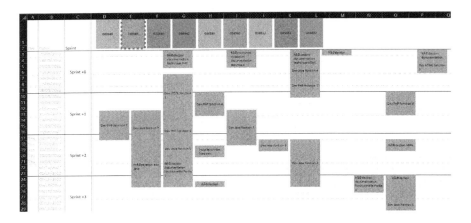

On peut simplement revenir à la vue complète en cliquant une seconde fois sur le projet sélectionné. Cette action supprime la sélection de ce projet. On peut aussi aller directement d'un projet à un autre.

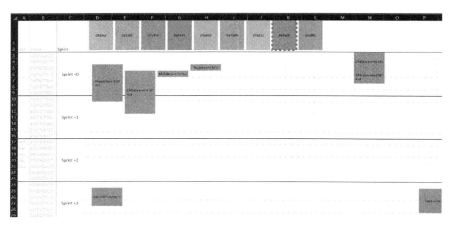

Cette fonctionnalité de sélection étant consommatrice en temps de réponse, j'ajoute une fenêtre d'attente qui informe l'utilisateur que l'opération est en cours.

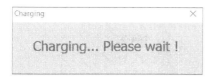

Le chemin de cette fonctionnalité est le suivant :

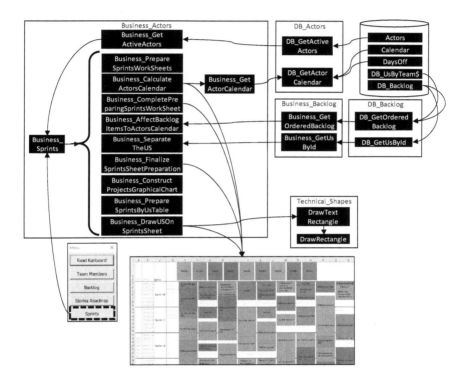

Le code de cette fonctionnalité est le suivant :

Feuille MenuForm

```
Private Sub SprintsButton_Click()
  MenuForm.Hide
  Business_Sprints
End Sub
```

Module Business_Actors

```vb
Public Sub Business_Sprints()
  Dim actors() As String
  Dim theSheet1 As Worksheet
  Dim theSheet2 As Worksheet
  Dim theSheet3 As Worksheet
  Dim theSheet4 As Worksheet
  Dim theSheet5 As Worksheet
  Dim j As Long
  Dim day1 As Date
  Dim day2 As Date
  Dim col As Integer
  Dim sprintByUS() As String
  Dim projects() As String

  actors = Business_GetActiveActors()

  ' Prepare work sheets
  ' ==================
  Business_PrepareSprintsWorkSheets theSheet1, theSheet2, theSheet3, theSheet4

  ' Calculate current Sprint boundaries
  ' ==================================
  j = Weekday(Now, 2)
  day1 = CDate(Format(Now, "dd/mm/yyyy")) - (j - 1)
  day2 = day1 + 7

  ' Calculate actorsCalendar
  ' =======================
  Business_CalculateActorsCalendar actors, day1, _
                  day2, theSheet1, theSheet2, _
                  theSheet3, theSheet4

  ' Prepare work sheets
  ' ==================
  Business_CompletePreparingSprintsWorkSheet theSheet4

  ' Affect backlog items to Actors calendar
  ' ======================================
  Business_AffectBacklogItemsToActorsCalendar day1, actors, theSheet1, _
                  theSheet2, theSheet3

  ' Separate the US
  ' ==============
  Business_SeparateTheUS theSheet5, theSheet3

  ' Prepare Sprints Sheet
```

```vb
' =====================
Business_FinalizeSprintsSheetPreparation theSheet4

' Graphical Chart Sprints
' =======================
Business_ConstructProjectsGraphicalChart theSheet5, projects

' Prepare SprintsByUs Table
' =========================
Business_PrepareSprintsByUsTable theSheet5, sprintByUS

' Draw US on Sprint Sheet
' =======================
Business_DrawUSOnSprintsSheet sprintByUS, theSheet4, projects, day1
End Sub
```

```vb
Public Function Business_GetActiveActors() As String()
    Business_GetActiveActors = DB_GetActiveActors()
End Function
```

```vb
Public Sub Business_PrepareSprintsWorkSheets _
    ( _
        ByRef theSheet1 As Worksheet, _
        ByRef theSheet2 As Worksheet, _
        ByRef theSheet3 As Worksheet, _
        ByRef theSheet4 As Worksheet _
    )
    DeleteSheetThenCreateItHidden "actorsCalendar"
    DeleteSheetThenCreateItHidden "freeDates"
    DeleteSheetThenCreateItHidden "actorsCalendarAffectation"
    DeleteSheetThenCreateIt "Sprints"
    PaintWhiteSheet ThisWorkbook, "Sprints"
    Set theSheet1 = ThisWorkbook.Sheets("actorsCalendar")
    Set theSheet2 = ThisWorkbook.Sheets("freeDates")
    Set theSheet3 = ThisWorkbook.Sheets("actorsCalendarAffectation")
    Set theSheet4 = ThisWorkbook.Sheets("Sprints")

    theSheet1.Cells(2, 1).Value = "Dates"
    theSheet1.Cells(2, 2).Value = "Gel"
    theSheet3.Cells(2, 1).Value = "Dates"
    theSheet3.Cells(2, 2).Value = "Gel"

    'Sprints view
    '------------
    theSheet4.Cells(1, 1).Value = "Gel"
    theSheet4.Cells(1, 2).Value = "Dates"
    theSheet4.Cells(1, 3).Value = "Sprint"
End Sub
```

```vb
Public Sub Business_CalculateActorsCalendar _
        ( _
            actors() As String, _
            fromDay As Date, _
            toDay As Date, _
            theSheet1 As Worksheet, _
            theSheet2 As Worksheet, _
            theSheet3 As Worksheet, _
            theSheet4 As Worksheet _
        )
    Dim i As Long
    Dim j As Long
    Dim actor As String
    Dim role As String
    Dim actorCalendar() As String
    Dim k As Long

    For i = 1 To UBound(actors, 2)
        actor = actors(1, i)
        role = actors(2, i)
        actorCalendar = Business_GetActorCalendar(actor, fromDay)

        If i = 1 Then
            For k = 1 To UBound(actorCalendar, 2)
                theSheet1.Cells(k + 2, 1).Value = "" & actorCalendar(1, k)
                theSheet1.Cells(k + 2, 2).Value = actorCalendar(3, k)
                theSheet3.Cells(k + 2, 1).Value = "" & actorCalendar(1, k)
                theSheet3.Cells(k + 2, 2).Value = actorCalendar(3, k)
                theSheet4.Cells(k + 1, 1).Value = actorCalendar(3, k)
                theSheet4.Cells(k + 1, 2).Value = "" & actorCalendar(1, k)
            Next
        End If

        theSheet1.Cells(1, i + 2) = role
        theSheet1.Cells(2, i + 2) = actor
        theSheet3.Cells(1, i + 2) = role
        theSheet3.Cells(2, i + 2) = actor

        For k = 1 To UBound(actorCalendar, 2)
            theSheet1.Cells(k + 2, 2 + i) = actorCalendar(2, k)
        Next

        j = 3
        Do While theSheet1.Cells(j, 1).Value <> ""
            If theSheet1.Cells(j, i + 2).Value = "0" Then
                theSheet2.Cells(1, i).Value = role
                theSheet2.Cells(2, i).Value = actor
                theSheet2.Cells(3, i).Value = theSheet1.Cells(j, 1).Value
```

```
      theSheet2.Cells(4, i).Value = j
      Exit Do
    End If
  Loop
Next
End Sub
```

```
Private Function Business_GetActorCalendar( _
                  actor As String, _
                  fromDay As Date _
                  ) As String()
  Business_GetActorCalendar = DB_GetActorCalendar(actor, fromDay)
End Function
```

```
Private Sub Business_CompletePreparingSprintsWorkSheet _
      (theSheet4 As Worksheet)
  Dim i As Integer

  i = 2
  Dim sprintNb As Long
  sprintNb = 0
  Do While theSheet4.Cells(i, 2).Value <> ""
    theSheet4.Range("C" & i & ":C" & (i + 6)).Merge
    theSheet4.Range("C" & i & ":C" & (i + 6)).HorizontalAlignment = xlCenter
    theSheet4.Range("C" & i & ":C" & (i + 6)).VerticalAlignment = xlCenter
    theSheet4.Range("C" & i & ":C" & (i + 6)).Value = "Sprint +" & sprintNb
    sprintNb = sprintNb + 1
    i = i + 7
  Loop
End Sub


Public Sub Business_AffectBacklogItemsToActorsCalendar _
      ( _
        fromDay As Date, _
        actors() As String, _
        theSheet1 As Worksheet, _
        theSheet2 As Worksheet, _
        theSheet3 As Worksheet _
      )
  Dim backlog() As String
  Dim i As Long
  Dim j As Long
  Dim k As Long
  Dim project As String
  Dim idUs As String
  Dim theLabel As String
  Dim status As String
```

```
Dim assigned As String
Dim begin As String
Dim estimation As String
Dim done As String
Dim remain As String
Dim role As String
Dim freeze As String
Dim jj As Single
Dim kk As Single
Dim kkk As Single
Dim theRemaining As Single

backlog = Business_GetOrderedBacklog

'=================================================================
' Result: backlog
' IdUS, Label, Project, Status, Assigned, Begin,
' Estimation, Done, Role, Gel
'=================================================================
For i = 1 To UBound(backlog, 2)
  idUs = backlog(1, i)
  theLabel = backlog(2, i)
  project = backlog(3, i)
  status = backlog(4, i)
  assigned = backlog(5, i)
  begin = backlog(6, i)
  estimation = backlog(7, i)
  If estimation = "" Then estimation = "0"
  estimation = CStr(CSng(Replace(estimation, ".", ",")) / 8)
  done = backlog(8, i)
  If done = "" Then done = "0"
  done = CStr(CSng(Replace(done, ".", ",")) / 8)
  role = backlog(9, i)
  freeze = backlog(10, i)

  If status <> "Archivée" And status <> "Terminée" Then
    If estimation <> "0" Then '--------------- US is estimated
      If CSng(Replace(estimation,".",",")) > _
         CSng(Replace(done,".",",")) Then '----Estimation is not done
        If role <> "" Then
          remain = CSng(Replace(estimation,".",",")) - _
                CSng(Replace(done,".",","))
          'idUs, begin, ramin
          If begin = "" Then begin = fromDay

          ' Find best member
          '--------------- ************** be aware of the freeze
          jj = 0
          kk = 10000
          For j = 1 To UBound(actors, 2) '    For every actor
```

```
      theRemaining = remain
      If role = theSheet2.Cells(1, j).Value Then
       ' If he have a role corresponding to the activity
       k = theSheet2.Cells(4, j).Value
       Do While theRemaining > 0
        If freeze <> "Yes" Or _
          theSheet1.Cells(k, 2).Value <> "Yes" Then
          theRemaining = theRemaining - _
                 (1-theSheet1.Cells(k, 2 + j).Value)
        End If
        k = k + 1
       Loop
       If k < kk Then
         kk = k
         jj = j
       End If
      End If
    Next

    ' Affect the US to the resource
    ' ---------------------------
    kkk = theSheet2.Cells(4, jj).Value
    theRemaining = remain
    Do While theRemaining > 0
      If freeze <> "Yes" Or _
        theSheet1.Cells(2, kkk).Value <> "Yes" Then
        If CSng(theSheet1.Cells(kkk, jj + 2).Value) < 1 Then
         theSheet3.Cells(kkk, jj + 2).Value = _
           theSheet3.Cells(kkk, jj + 2).Value & "#" & idUs
         If (1-CSng(theSheet1.Cells(kkk,jj + 2).Value))>= _
           theRemaining Then
           theSheet1.Cells(kkk, jj + 2) = _
             CSng(theSheet1.Cells(kkk, jj + 2))+theRemaining
           theRemaining = 0
         Else
           theRemaining = theRemaining - _
                (1-CSng(theSheet1.Cells(kkk,jj + 2).Value))
           theSheet1.Cells(kkk, jj + 2) = 1
         End If
        End If
      End If
      kkk = kkk + 1
    Loop
    If theSheet1.Cells(kk - 1, jj + 2).Value < 1 Then
      theSheet2.Cells(3, jj) = theSheet1.Cells(kk - 1, 1)
      theSheet2.Cells(4, jj) = kk - 1
    Else
      theSheet2.Cells(3, jj) = theSheet1.Cells(kk, 1)
      theSheet2.Cells(4, jj) = kk
    End If
```

```
      End If
     End If
    End If
   End If
  Next
End Sub
```

```
Private Sub Business_SeparateTheUS _
( _
  ByRef theSheet5 As Worksheet, _
  theSheet3 As Worksheet _
)
  Dim i1 As Long
  Dim i2 As Long
  Dim i3 As Long
  Dim ss() As String
  Dim us As String
  Dim startRow As Long
  Dim endRow As Long
  Dim ret() As String
  Dim col As Integer

  theSheet3.Copy before:=Sheets(1)
  DeleteSheet "SprintsByUs"
  ThisWorkbook.Sheets("actorsCalendarAffectation (2)").Name = "SprintsByUs"
  Set theSheet5 = ThisWorkbook.Sheets("SprintsByUs")
  i1 = 3
  i3 = theSheet5.Cells(theSheet5.Rows.Count, 1).End(xlUp).Row
  col = 3
  Do While theSheet5.Cells(2, col).Value <> ""
    i2 = theSheet5.Cells(theSheet5.Rows.Count, col).End(xlUp).Row
    If i2 = 2 Then
      theSheet5.Cells(i1, col).EntireColumn.Delete
    Else
      ss = Split(theSheet5.Cells(i2, col), "#")
      us = ss(1)
      theSheet5.Cells(1, col).EntireColumn.Insert
      theSheet5.Cells(2, col) = us
      col = col + 1
      startRow = theSheet5.Cells(1, col).EntireColumn.Find( _
          what:="#" & us, _
          after:=theSheet5.Cells(1, col)).Row
      endRow = theSheet5.Cells(1, col).EntireColumn.Find( _
          what:="#" & us, _
          after:=theSheet5.Cells(1, col), _
          SearchDirection:=xlPrevious).Row
      theSheet5.Range(theSheet5.Cells(startRow, col - 1), _
            theSheet5.Cells(endRow, col - 1)).Value = 1
      theSheet5.Range(theSheet5.Cells(startRow, col), _
```

```
            theSheet5.Cells(endRow, col)).Replace "#" & us, ""
    End If
  Loop
  
  ' Find projects and labels
  '----------------------
  theSheet5.Cells(1, 1).EntireRow.Insert
  col = 3
  
  Do While theSheet5.Cells(3, col) <> ""
    ret = Business_GetUsById(theSheet5.Cells(3, col))
    theSheet5.Cells(1, col) = ret(1, 1)
    theSheet5.Cells(2, col) = ret(2, 1)
    col = col + 1
  Loop
End Sub
```

```
Private Sub Business_FinalizeSprintsSheetPreparation(theSheet4 As Worksheet)
  Dim i1 As Long
  Dim i2 As Long
  Dim theRange As Range
  
  theSheet4.Cells(1, 1).EntireRow.Insert
  theSheet4.Cells(1, 1).EntireRow.RowHeight = 60
  theSheet4.Cells(1, 1).EntireColumn.ColumnWidth = 4
  theSheet4.Activate
  theSheet4.Cells(3, 4).Select
  ActiveWindow.FreezePanes = True
  i1 = 3
  i2 = 9
  Do While theSheet4.Cells(i1, 2) <> ""
    Set theRange = theSheet4.Rows(i1 & ":" & i2)
    theRange.Borders(xlEdgeTop).LineStyle = xlContinuous
    theRange.Borders(xlEdgeTop).Weight = xlMedium
    theRange.Borders(xlEdgeBottom).LineStyle = xlContinuous
    theRange.Borders(xlEdgeBottom).Weight = xlMedium
    theRange.Borders(xlInsideHorizontal).LineStyle = xlDot
    theRange.Borders(xlInsideHorizontal).Weight = xlThin
    theRange.Borders(xlInsideHorizontal).Color = RGB(220, 220, 220)
    i1 = i1 + 7
    i2 = i2 + 7
  Loop
  
  Set theRange = theSheet4.Columns("A:C")
  theRange.Borders(xlEdgeLeft).LineStyle = xlDot
  theRange.Borders(xlEdgeRight).LineStyle = xlDot
  theRange.Borders(xlInsideVertical).LineStyle = xlDot
  Set theRange = theSheet4.Columns("A:B")
  theRange.Font.Color = RGB(200, 200, 200)
```

```vb
End Sub


Private Sub Business_ConstructProjectsGraphicalChart _
        ( theSheet5 As Worksheet, ByRef projects() As String )
    Dim i As Long
    Dim j As Long
    Dim found As Boolean
    Dim theShape As Shape
    Dim x As Single
    Dim y As Single
    Dim dx As Single
    Dim dy As Single
    ReDim Preserve projects(2, 0)
    i = 3

    Do While theSheet5.Cells(1, i).Value <> ""
        found = False
        For j = 1 To UBound(projects, 2)
            If projects(1, j) = theSheet5.Cells(1, i) Then
                found = True
                Exit For
            End If
        Next
        If Not found Then
            ReDim Preserve projects(2, UBound(projects, 2) + 1)
            projects(1,UBound(projects,2)) = theSheet5.Cells(1, i)
            projects(2,UBound(projects,2)) = _
                CStr(RGB(Rnd*180+70,Rnd*180+70,Rnd*180+ 70))
        End If
        i = i + 1
    Loop

    For i = 1 To UBound(projects, 2)
        x = 190 + (i - 1) * (55 + 5)
        y = 10
        dx = 55
        dy = 70
        Set theShape = DrawText(projects(1, i), RGB(0, 0, 0), _
                    CLng(projects(2, i)), _
                    False, 8, msoAnchorMiddle, msoAnchorCenter, _
                    "Sprints", x, y, dx, dy, True)
        theShape.OnAction = "'" & ThisWorkbook.Name & "'!ProjectClicked"
        theShape.Name = "Project:" & projects(1, i)
    Next
End Sub


Private Sub Business_PrepareSprintsByUsTable(theSheet5 As Worksheet, _
                ByRef sprintByUS() As String)
```

```vba
Dim col As Integer
Dim theRange As Range
Dim startRow As Long
Dim endRow As Long
Dim i As Long
Dim j As Long
Dim minj As Integer
Dim minDate As Date
Dim id As String
Dim date1 As String
Dim date2 As String
Dim project As String
Dim us As String

' From SprintsByUs view, construct sprintByUs table
' ================================================
col = theSheet5.Cells(1, theSheet5.Columns.Count).End(xlToLeft).Column
ReDim sprintByUS(col - 2, 5)
For i = 1 To UBound(sprintByUS)
  sprintByUS(i, 1) = theSheet5.Cells(1, i + 2)
  sprintByUS(i, 2) = theSheet5.Cells(2, i + 2)
  sprintByUS(i, 3) = theSheet5.Cells(3, i + 2)
  Set theRange = theSheet5.Range(theSheet5.Cells(3, i + 2), _
                  theSheet5.Cells(10000, i + 2))
  startRow = theRange.Find(what:="1", _
              after:=theSheet5.Cells(3, i + 2)).Row
  endRow = theRange.Find(what:="1", after:=theSheet5.Cells(3, i + 2), _
              SearchDirection:=xlPrevious).Row
  sprintByUS(i, 4) = theSheet5.Cells(startRow, 1)
  sprintByUS(i, 5) = theSheet5.Cells(endRow, 1)
Next

' Reorder SprintByUS view and sprintByUs table by dates
' =====================================================
For i = 1 To UBound(sprintByUS) - 1
  minj = 1000
  minDate = CDate("01/01/2030")
  For j = i To UBound(sprintByUS)
    If CDate(sprintByUS(j, 4)) < minDate Then
      minDate = CDate(sprintByUS(j, 4))
      minj = j
    End If
  Next
  If i <> minj Then
    project = sprintByUS(i, 1)
    us = sprintByUS(i, 2)
    id = sprintByUS(i, 3)
    date1 = sprintByUS(i, 4)
    date2 = sprintByUS(i, 5)
    sprintByUS(i, 1) = sprintByUS(minj, 1)
```

```vb
      sprintByUS(i, 2) = sprintByUS(minj, 2)
      sprintByUS(i, 3) = sprintByUS(minj, 3)
      sprintByUS(i, 4) = sprintByUS(minj, 4)
      sprintByUS(i, 5) = sprintByUS(minj, 5)
      sprintByUS(minj, 1) = project
      sprintByUS(minj, 2) = us
      sprintByUS(minj, 3) = id
      sprintByUS(minj, 4) = date1
      sprintByUS(minj, 5) = date2
      theSheet5.Cells(1, 2 + minj).EntireColumn.Cut
      theSheet5.Cells(1, 2 + i).EntireColumn.Insert shift:=xlToRight
      theSheet5.Cells(1, 2 + i + 1).EntireColumn.Cut
      theSheet5.Cells(1, 2 + minj + 1).EntireColumn.Insert shift:=xlToRight
    End If
  Next
End Sub
```

```vb
Private Sub Business_DrawUSOnSprintsSheet _
      ( _
        sprintByUS() As String, theSheet4 As Worksheet, _
        projects() As String, day1 As Date _
      )
  Dim i As Long
  Dim j As Long
  Dim clr As String
  Dim k As Long
  Dim x As Single
  Dim y As Single
  Dim dx As Single
  Dim dy As Single
  Dim theRange As Range
  Dim theShape As Shape
  
  Dim fullTill(100) As String
  For i = 1 To 100
    fullTill(i) = day1
  Next
  
  For i = 1 To UBound(sprintByUS)
    For j = 1 To UBound(fullTill)
      If CDate(fullTill(j)) <= CDate(sprintByUS(i, 4)) Then Exit For
    Next
    x = 170 + (j - 1) * (70 + 5)
    Set theRange = theSheet4.Cells(1, _
          2).EntireColumn.Find(what:=sprintByUS(i, 4))
    y = theRange.Top
    dx = 70
    Set theRange = theSheet4.Cells(1, _
          2).EntireColumn.Find(what:=sprintByUS(i, 5))
```

```
    dy = theRange.Top + theRange.Height - y
    For k = 1 To UBound(projects, 2)
     If projects(1, k) = sprintByUS(i, 1) Then
       clr = projects(2, k)
       Exit For
     End If
    Next

    Set theShape = DrawTextRectangle(sprintByUS(i, 2), "Sprints", x, y, dx, dy)
    theShape.Name = "US:" & sprintByUS(i, 1)
    theShape.Fill.ForeColor.RGB = CLng(clr)
    theShape.TextFrame2.TextRange.Font.Fill.ForeColor.RGB = RGB(0, 0, 0)
    theShape.TextFrame2.VerticalAnchor = msoAnchorMiddle
    theShape.TextFrame2.HorizontalAnchor = msoAnchorCenter
    theShape.Line.Weight = 0.25
    theShape.TextFrame2.TextRange.Font.Size = 8
    theShape.TextFrame2.MarginLeft = 1
    theShape.TextFrame2.MarginRight = 1
    theShape.TextFrame2.MarginTop = 0
    theShape.TextFrame2.MarginBottom = 0

    fullTill(j) = Format(CDate(sprintByUS(i, 5)) + 1, "dd/mm/yyyy")
   Next
End Sub
```

Module DB_Actors

```
Public Function DB_GetActiveActors() As String()
  Dim sql As String
  Dim ret() As String

  sql = "SELECT actorName, Role FROM [Actors$] WHERE Active='Yes'"
  ret = LocalRequest(sql)
  DB_GetActiveActors = ret
End Function
```

```
Public Function DB_GetActorCalendar(actor As String, fromDay As Date) As String()
  Dim sql As String
  Dim ret() As String

  sql = ""
  sql = sql & "SELECT a.theDay,"
  sql = sql & "      IIF ((a.WE='1') OR (a.Hollyday='1'), "
  sql = sql & "         '1',"
  sql = sql & "         IIF(b.DayOff IS NULL, '0', b.DayOff)) AS Free,"
  sql = sql & "      a.Freeze"
  sql = sql & " FROM [Calendar$] AS a"
```

```vb
sql = sql & " LEFT OUTER JOIN"
sql = sql & "    ("
sql = sql & "      SELECT DayOff"
sql = sql & "      FROM [DaysOff$] WHERE Actor='" & actor & "'"
sql = sql & "    ) AS b"
sql = sql & "  ON CDATE(a.theDay) = CDATE(b.DayOff)"
sql = sql & " WHERE CDATE(a.theDay) >= "
sql = sql & "     CDATE('" & Format(fromDay, "dd/mm/yyyy") & "')"

ret = LocalRequest(sql)
DB_GetActorCalendar = ret
End Function
```

Module Business_Backlog

```vb
Public Function Business_GetUsById(id As String)
  Business_GetUsById = DB_GetUsById(id)
End Function
```

Module DB_Backlog

```vb
Public Function DB_GetUsById(id As String) As String()
  Dim sql As String
  Dim ret() As String

  sql = ""
  sql = sql & "SELECT Swimlane, Titre"
  sql = sql & " FROM [DB_Backlog$]"
  sql = sql & " WHERE [Identifiant de la tâche] = '" & id & "'"
  ret = LocalRequest(sql)
  DB_GetUsById = ret
End Function
```

Module Technical_Shapes

```vb
Public Function DrawTextRectangle( _
              txt As String, _
              sheetName As String, _
              x As Single, _
              y As Single, _
              dx As Single, _
              dy As Single _
              ) As Shape
```

```vb
  Dim rect As Shape
  Set rect = DrawRectangle(sheetName, x, y, dx, dy)
  rect.TextFrame2.TextRange.Characters.Text = txt
  Set DrawTextRectangle = rect
End Function
```

```vb
Public Function DrawRectangle( _
                 sheetName As String, _
                 x As Single, _
                 y As Single, _
                 dx As Single, _
                 dy As Single _
              ) As Shape
  Dim rect As Shape
  Set rect = ThisWorkbook.Sheets(sheetName).Shapes.AddShape _
                      ( _
                       msoShapeRectangle, _
                       x, y, dx, dy _
                      )
  Set DrawRectangle = rect
End Function
```

Module MacroInitiales

```vb
Sub ProjectClicked()
  Dim theShape As Shape
  Dim nomShape As String
  Dim theSheet As Worksheet

  DoEvents
  ChargingForm.Show vbModeless
  DoEvents
  nomShape = Application.Caller
  Set theSheet = ThisWorkbook.ActiveSheet

  Dim theFocus As Boolean
  For Each theShape In theSheet.Shapes
    If Left(theShape.Name, 30) = nomShape Then
      If theShape.Line.Weight = 0.25 Then
        theShape.Line.Weight = 5
        theShape.Line.DashStyle = msoLineSysDot
        theShape.Line.Visible = True
        theFocus = True
      Else
        theShape.Line.Weight = 0.25
        theShape.Line.Visible = False
        theFocus = False
```

```
      End If
    Else
      theShape.Line.Weight = 0.25
      theShape.Line.Visible = False
    End If
Next

For Each theShape In theSheet.Shapes
  If Left(theShape.Name, 3) = "US:" Then
    If Left(theShape.Name, 25) <> Replace(nomShape, "Project:", "US:") Then
      If theFocus Then
        theShape.Visible = False
        DoEvents
      Else
        theShape.Visible = True
        DoEvents
      End If
    Else
      theShape.Visible = True
      DoEvents
    End If
  End If
Next
ChargingForm.Hide
End Sub
```

En résumé :

Ce chapitre explique la construction du Sprints Planning. Il permet une planification des tickets en prenant en compte la disponibilité de l'équipe. C'est une étape très importante pour préparer les sprints à venir et construire une proposition de planification qui va nous aider dans l'étape suivante à maîtriser le suivi des jalons.

Chapitre 11 – Projects Roadmaps

La Stories Roadmap nous permet de voir l'évolution des User Stories dans le temps. La vue planning des Sprints nous permet de nous projeter dans le futur en utilisant une planification des Users Stories non terminées et prêtes sur les futurs Sprints selon la disponibilité de l'équipe.

La combinaison de ces deux fonctionnalités peut permettre de dessiner un planning complet du projet. En présentant ce planning sous forme de Gantt, on peut ajouter des jalons fournis par le client pour avoir un suivi visuel des jalons. Ceci permettra de suivre les engagements en délais et d'identifier en avance les écarts qui peuvent arriver sur ces jalons.

Cette fonctionnalité est divisée en deux sous-fonctionnalités :

- Déclaration de jalons d'un projet
- Construction de la vue d'un projet

Pour lancer cette fonctionnalité, un bouton « Projects Roadmaps » est ajouté au menu :

Une fois ce bouton sélectionné, la fenêtre de sélection de projet s'affiche. Pour cette fonctionnalité, j'ai décidé de limiter l'affichage à un seul projet. Cette fenêtre va vous permettre de sélectionner un seul projet.

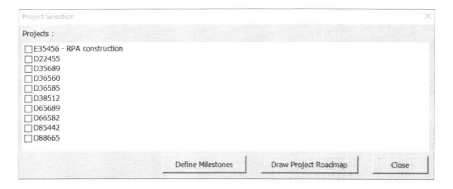

Sur cette fenêtre de sélection de projet, j'ai ajouté les boutons « Define Milestones » et « Draw Project Roadmap » qui lanceront l'une ou l'autre des deux sous-fonctionnalités.

La sélection du bouton « Define Milestones » va permettre de gérer les jalons du projet sélectionné. Avant de construire cette fonctionnalité, il faut créer la table qui va sauvegarder ces données. Cette table correspond à une feuille « DB_Milestones » :

- Le bouton « Define Milestones » va ouvrir une fenêtre « Project Milestones » dans le cas où un projet est sélectionné dans la liste des projets.

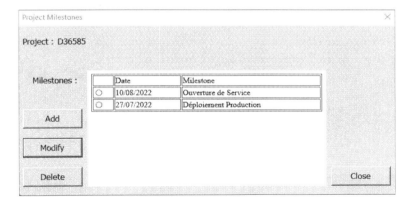

Cette fenêtre contient :
- Le nom du projet sélectionné.
- La liste des jalons déjà déclarés pour ce projet et qui étaient sauvegardés dans la feuille « DB_Milestones ».
- Un bouton « Add » pour ajouter un nouveau jalon, ce bouton va ouvrir une fenêtre pour saisir le nouveau jalon et sa date.

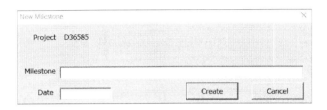

Lorsqu'on sélectionne sur le bouton « Create », une vérification est faite pour voir si le nom de ce jalon existe déjà pour ce projet dans la feuille « DB_Milestones ».

- Si le jalon existe, le message « This milestone already exists ! » s'affiche et le jalon n'est pas ajouté, mais l'utilisateur est ramené à la fenêtre de saisie du nouveau jalon.
- Si le jalon n'existe pas, il est ajouté à la feuille « DB_Milestones ». Ensuite la fenêtre d'ajout du jalon se ferme et l'utilisateur est ramené vers la fenêtre de gestion des jalons. La liste des jalons dans cette fenêtre est mise à jour.
- Un bouton « Modify » permet de modifier un jalon existant. Pour déclencher ce bouton, il faut sélectionner le jalon à modifier. L'activation de ce bouton ouvre une fenêtre pour modifier le jalon et sa date.

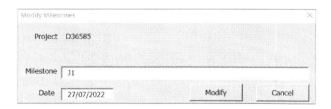

Dans cette fenêtre, lorsqu'on sélectionne le bouton « Modify », une vérification est faite. Elle consiste à voir si le nouveau nom du jalon existe déjà pour ce projet dans la feuille

« DB_Milestones ».

- Si le nom existe, le message « This milestone already exists ! » s'affiche. Le jalon n'est pas modifié. L'utilisateur est ramené vers la fenêtre de modification du jalon.
- Si le nom n'existe pas, le jalon est modifié dans la feuille « DB_Milestones ». Ensuite la fenêtre de modification du jalon se ferme et l'utilisateur revient sur la fenêtre de gestion des jalons. La liste des jalons est mise à jour.
  o Un bouton « Delete » pour supprimer un jalon existant. Pour déclencher ce bouton, il faut avoir déjà sélectionné le jalon à supprimer. A la fin de la suppression, on revient à la fenêtre de gestion des jalons et la liste des jalons sera mise à jour pour refléter la modification.

- La sélection du bouton « Draw Project Roadmap » lance la création de la vue pour le projet sélectionné.
  o Si aucun projet n'est sélectionné, un message s'affiche et la construction de la vue s'arrête.
  o La construction débute par la récupération des données sur les User Stories :
    - La liste des tâches en cours du projet sélectionné est récupérée de la feuille « DB_KanboardRead » après filtrage des tâches qui sont dans les colonnes « Archivée » ou « Terminée » ou ayant un état « Fermé ».
    - Les modifications de chacune des tâches de la liste des tâches en cours sont récupérées de la feuille « DB_KanboardHist ».
  o Ensuite, on va identifier les ressources actives dans l'équipe en tenant compte de leurs profils.
  o A partir du début du Sprint actuel, pour chacune des ressources, il faut identifier les jours non travaillés et les jours travaillés. On identifie les congés, les jours fériés et les week-ends. La combinaison de ces données dans un « Calendrier des ressources » va permettre de voir la disponibilité de l'ensemble des ressources sur la prochaine période à partir du début du Sprint actuel.
  o Un tableau d'index est construit pour permettre d'avoir directement le premier jour de disponibilité de chaque ressource.
  o Une fois le « Calendrier des ressources » prêt, il est temps d'aller chercher la liste des User Stories priorisée du Backlog. Je vais lui appliquer trois filtres. Le premier va filtrer les User Stories qui ne sont pas estimées, le second va filtrer les User Stories

dont l'estimation a déjà été consommée et le troisième va filtrer les User Stories qui ne sont pas affectées à un profil. Ces filtres nous débarrassent des User Stories qui ne sont pas encore prêtes pour la planification.

- Ensuite, je vais parcourir la liste des User Stories prêtes à être planifiées par ordre de priorité. Pour chacune, il faut chercher la meilleure possibilité de la réaliser, en regardant la meilleure ressource qui peut la prendre en charge. Cette opération est réalisée en parcourant toutes les ressources, trouvant celles qui appartiennent au profil qui est censé la réaliser, puis en voyant laquelle de ces ressources est disponible le plus tôt.
- Une fois la meilleure ressource identifiée, l'affectation peut commencer en utilisant l'estimation faite sur le ticket Kanboard. Cette estimation est faite en heures, il faut donc la diviser par huit pour l'avoir en jours. L'affectation de cette User Story à cette ressource va se faire en remplissant l'identifiant de la tâche dans un tableau calendrier d'affectation des ressources.

	A	B	C	D	E	F	G	H	I	J
1			DBA	DBA	Java	Java	Java	Java	DBA	DBA
2	Dates	Gel	Adèle	Céline	Carlos	Charles	Jérome	Johnny	Kenzo	Manu
3	12/09/20		#53640	#53645	#53647	#53636	#53644#53649	#53652#53648	#53637#53634	#53646
4	13/09/20		#53640#53638	#53645	#53647	#53636#53643	#53649	#53648	#53634	#53646#53642
5	14/09/20		#53638	#53645#53635#53630	#53647#53676	#53643	#53649	#53648#53633	#53634#53629	#53642
6	15/09/20		#53638#53628	#53630	#53676#53632#53627	#53643#53639	#53663#53574	#53633	#53629	#53642
7	16/09/20		#53628#53595	#53630	#53627	#53639#53674	#53574	#53673	#53596	#53642#53599
8	17/09/20									
9	18/09/20									
10	19/09/20		#53595	#53630#53584	#53627	#53674	#53574#53670	#53673#53671	#53596	#53599
11	20/09/20		#53595#53582	#53584	#53627	#53674	#53670	#53671	#53596	#53599
12	21/09/20		#53582#53581#53579	#53584	#53627	#53674	#53670	#53671	#53596#53578	#53599
13	22/09/20		#53579	#53584	#53669	#53674	#53670#53666	#53671#53664	#53578	#53599
14	23/09/20		#53579	#53584#53611	#53669	#53667	#53666	#53664	#53578	#53599#53598
15	24/09/20									
16	25/09/20									
17	26/09/20	Yes	#53579#53613	#53611	#53669	#53667	#53666	#53664	#53578#53610	#53598
18	27/09/20	Yes		#53611#53608		#53667#53662	#53666#53661	#53664#53651	#53610	#53598
19	28/09/20	Yes		#53608		#53662#53660#53657	#53661	#53651#53658	#53610	#53598#53607
20	29/09/20	Yes		#53608		#53657	#53661	#53658#53654	#53610	#53601#53751
21	30/09/20	Yes		#53608		#53657	#53661	#53654	#53752	#53751
22	01/10/20									
23	02/10/20									
24	03/10/20		#53747	#53608#53746	#53656#53655	#53657	#53661	#53654	#53752	#53751
25	04/10/20		#53747	#53746#53745	#53655	#53657#53653#53624	#53661#53685	#53653#53626	#53744	#53751#53777
26	05/10/20		#53747	#53745	#53655#53593	#53624	#53665	#53626	#53744#53776	#53777
27	06/10/20		#53747#53774#53773	#53745	#53593	#53624#53592	#53665	#53626	#53776	#53777#53754
28	07/10/20		#53773#53765	#53745	#53593	#53592	#53665	#53626	#53776	#53754
29	08/10/20									

o Ensuite, le calendrier des ressources est mis à jour pour refléter la nouvelle disponibilité des ressources.

	A	B	C	D	E	F	G	H	I	J	K
1			DBA	DBA	Java	Java	Java	Java	DBA	DBA	
2	Dates	Gel	Adèle	Céline	Carlos	Charles	Jérome	Johnny	Kenzo	Manu	
3	11/07/20		1	1	1	1	1	1	1	1	
4	12/07/20		1	1	1	1	1	1	1	1	
5	13/07/20		1	1	1	1	1	1	1	0	
6	14/07/20		0	1	1	1	1	1	1	0	
7	15/07/20		0	0	1	1	1	1	1	0	
8	16/07/20		1	1	1	1	1	1	1	1	
9	17/07/20		1	1	1	1	1	1	1	1	
10	18/07/20		0	0	1	0,25	0	1	1	0	
11	19/07/20		0	0	1	0	0	1	1	0	
12	20/07/20		0	0	0,5	0	0	1	1	0	
13	21/07/20		0	0	0	0	0	1	1	0	
14	22/07/20		0	0	0	0	0	1	1	0	
15	23/07/20		1	1	1	1	1	1	1	1	
16	24/07/20		1	1	1	1	1	1	1	1	
17	25/07/20		0	0	0	0	0	0	1	0	
18	26/07/20	Yes	0	0	0	0	0	0	1	0	
19	27/07/20	Yes	0	0	0	0	0	0	1	0	
20	28/07/20	Yes	0	0	0	0	0	0	1	0	
21	29/07/20	Yes	0	0	0	0	0	0	1	0	
22	30/07/20	Yes	1	1	1	1	1	1	1	1	
23	31/07/20	Yes	1	1	1	1	1	1	1	1	
24	01/08/20		0	0	0	0	0	0	0	0	
25	02/08/20		0	0	0	0	0	0	0	0	
26	03/08/20		0	0	0	0	0	0	0	0	
27	04/08/20		0	0	0	0	0	0	0	0	

o Le résultat de cet exercice est une vue orientée ressources. Cet algorithme affecte les tickets à des ressources nominatives pour pouvoir construire une projection dans le temps des tickets cohérente avec la disponibilité de l'équipe. Néanmoins, je souhaite garder opérationnellement la pratique agile d'auto-organisation de l'équipe. L'auto-organisation passe par la sélection des tâches par les membres de l'équipe en réunion quotidienne. L'objectif est donc de faire abstraction des ressources dans l'outil. La vue basée sur l'affectation des tickets à des ressources doit être transformée en une vue basée sur les User Stories. On va donc passer le tableau précédent par une série de transformations, la première est de supprimer les ressources et de le baser sur les User Stories.

La deuxième transformation a pour objectif de préparer, améliorer et optimiser la vue finale de la planification des sprints. Elle consiste à déplacer à gauche par ordre croissant de démarrage les User Stories. Le résultat est une affectation future des user stories dans le temps. Je vais utiliser cette affectation plus tard dans la phase finale de la construction du Gantt.

- La construction du Gantt peut commencer par l'identification des dates des extrémités du Gantt. Ces dates sont déduites des données « Date d'échéance », « Date de création », « Date de modification », « Date de complétion » et « Date de début » de chacune des modifications des tâches.

- La préparation de la vue consiste à créer une feuille vierge « DaysStoriesRoadmap ». Ensuite horizontalement, les entêtes des colonnes de la feuille sont initialisées avec les dates en parcourant tout le créneau déjà identifié entre les dates extrémités.

- Les jours de week-ends et les jours de gels de fins de mois sont identifiés visuellement sur la vue.

- Une charte graphique des couleurs est construite pour permettre d'identifier les étapes de vie des tâches. Cette Charte comporte les couleurs suivantes :
    - Gris foncé : Le créneau entre la date de début et la date d'échéance de la tâche.
    - Gris clair : Le créneau entre la date de création et la date de complétion de la tâche.
    - Jaune clair : Les créneaux dans lesquels la tâche est en statut « A préparer » ou « Prêt ».
    - Jaune : Les créneaux dans lesquels la tâche est en statut « A faire ».
    - Vert clair : Les créneaux dans lesquels la tâche est en statut « En cours ».
    - Rouge : Les créneaux dans lesquels la tâche est en statut « Bloquée ».
    - Orange : Les créneaux dans lesquels la tâche est en statut « A valider ».

- Vert : Les créneaux dans lesquels la tâche est en statut « Terminée ». Même si les tâches ayant ce statut ne s'affichent pas actuellement sur cette vue, je préfère afficher cette couleur dans la Charte. Ça permet de garder la possibilité d'ajouter ces tickets dans le futur sur cette vue. A titre d'exemple, on peut décider d'afficher les tâches de statut « Terminée » mais non encore « Archivée » qui représentent les tâches terminées dans le Sprint en cours. Pour rappel, à la fin du Sprint, une nouvelle règle consiste à passer les tickets qui ont le statut « Terminée » vers « Archivée ». Elle permet de distinguer les tâches terminées en cours du Sprint des tâches terminées dans les Sprints précédents.

o Lorsque la vue est prête pour accueillir le Gantt, on peut commencer à le construire. On va parcourir l'ensemble des lignes récupérées de la feuille « DB_KanboardRead ».

- Remarque importante : Les lignes récupérées de la feuille « DB_KanboardHist » peuvent contenir des modifications sous forme « <Ancienne Valeur> → <Nouvelle Valeur> ». Il faut donc décomposer la donnée pour récupérer la bonne valeur.
- Le projet en question ainsi que la tâche doivent être déduites des données de la ligne puis écrites sur la marge gauche de la vue.
- L'identifiant technique de la tâche fourni par Kanboard est la seule donnée qui identifie d'une manière unique une tâche. C'est un champ qui ne peut être modifié. Il est donc utilisé pour rassembler les lignes représentant les modifications d'une tâche.
- Les dates de création, début, échéance et complétion d'une tâche sont déduites de l'ensemble des mouvements de la tâche de façon que les modifications sur ces dates soient prises en compte :
  - ✓ La date de création est fixée par Kanboard et correspond à la date de création du ticket. Elle est la même sur l'ensemble des modifications.
  - ✓ La date de début est la dernière date de début trouvée sur les lignes des modifications. Si elle n'est pas renseignée, elle est initialisée par défaut à la date de création de la tâche.

- ✓ La date d'échéance est la dernière date d'échéance trouvée sur les lignes des modifications. Si elle n'est pas renseignée, elle est initialisée par défaut à la date de début de la tâche.
- ✓ La date de complétion est la dernière date de complétion trouvée sur les lignes des modifications. Si elle n'est pas renseignée, elle est initialisée par défaut à la date d'échéance de la tâche.
- Deux rectangles sont dessinés sur la vue pour la ligne correspondant à la tâche du projet. Le premier parcourt le créneau entre la date de création et la date de complétion. Il représente la durée de vie de la tâche. Le deuxième parcourt le créneau entre la date de début et la date d'échéance. Il représente la planification de la tâche par le chef de projet. Cette planification est faite au début du projet en accord avec les attentes du client pour respecter ses exigences.
- La tâche est construite de plusieurs rectangles correspondant aux différentes lignes représentant les modifications subies par le ticket Kanboard. Ils commencent par la date de création et se terminent à la date actuelle. Ces rectangles se succèdent chaque fois qu'une ligne de modifications est rencontrée en se basant sur la date de modification extraite de la ligne. Un premier rectangle parcourt le créneau allant de la date de création jusqu'à la première date de modification. Un deuxième parcourt le créneau allant de la première date de modification jusqu'à la deuxième date de modification. Le cycle continue ainsi de suite jusqu'au dernier rectangle qui arrive à la date du jour. Chaque rectangle est dessiné avec une couleur correspondant au statut lu sur la ligne de modification en respectant la charte graphique décrite précédemment.
- Il faut ensuite revenir vers l'affectation future des User Stories construite dans la première partie de ce paragraphe. Elle va permettre de compléter la construction du Gantt. Pour chaque activité qui correspond à une ligne du Gantt, on cherche la future affectation et le rectangle correspondant est dessiné avec une couleur noire. Cette couleur distingue les créneaux futurs de planification des tickets.
- La dernière étape de la construction du Gantt est la présentation des jalons. Je vais parcourir l'ensemble des jalons sauvegardés dans la feuille « DB_Milestones ». Chaque fois que je rencontre un jalon appartenant au projet

sélectionné, il sera représenté par une ligne verticale positionnée sur la date du jalon. Le libellé du jalon sera écrit sur le haut de cette ligne verticale.

La forme finale de cette vue de Gantt est la suivante :

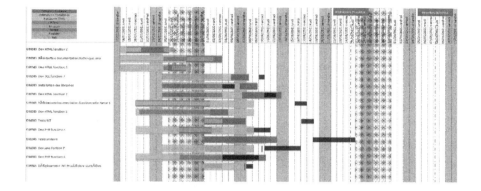

Le chemin de cette fonctionnalité est le suivant. Pour une visibilité facile, je l'ai décomposé en trois parties :

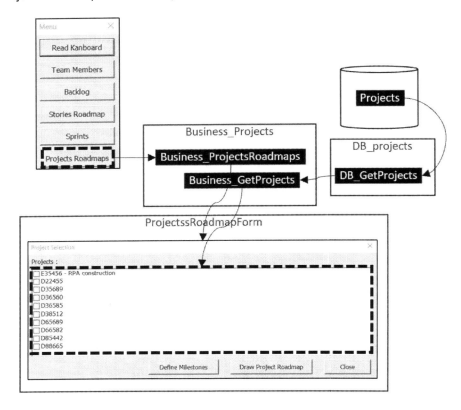

DIGITALIZED AGILE – Empirical Genesis

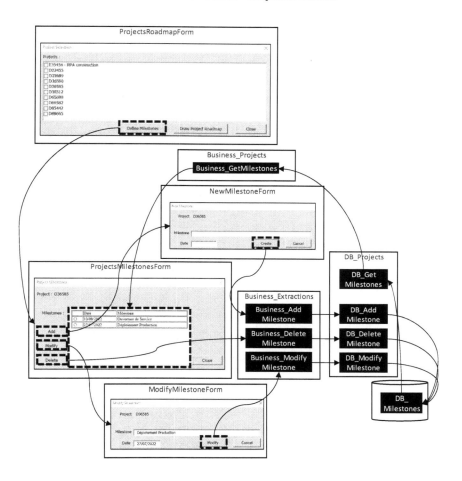

DIGITALIZED AGILE – Empirical Genesis

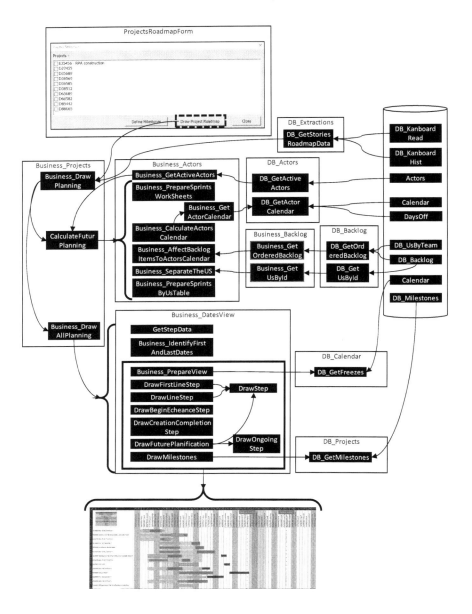

Le code de cette fonctionnalité est le suivant :

Feuille MenuForm

```
Private Sub ProjectsRoadmapsButton_Click()
  MenuForm.Hide
  Business_ProjectsRoadmaps
End Sub
```

Module Business_Projects

```
Public Sub Business_ProjectsRoadmaps()
  ProjectsRoadmapsForm.ProjectsRoadmapsFormInit
  ProjectsRoadmapsForm.Show
End Sub
```

```
Public Function Business_GetMilestones(project As String) As String()
  Business_GetMilestones = DB_GetMilestones(project)
End Function
```

```
Public Sub Business_DeleteMilestone _
      ( _
        project As String, _
        theDate As String, _
        milestone As String _
      )
  DB_DeleteMilestone project, theDate, milestone
End Sub
```

```
Public Sub Business_ModifyMilestone( _
                project As String, _
                milestone As String, _
                theDate As String, _
                oldMilestone As String, _
                oldDate As String _
              )
  If milestone <> oldMilestone Then
    If DB_MilestoneExists(project, milestone) Then
      MsgBox "This milestone already exists !"
      Exit Sub
    End If
  End If
```

```vb
  DB_ModifyMilestone project, milestone, theDate, oldMilestone, oldDate
End Sub


Public Sub Business_DrawPlanning(projects() As String)
  Dim ret() As String
  Dim futurePlanning() As String

  'Get Stories roadmap Data
  '----------------------
  ret = DB_GetStoriesRoadmapData(projects, True)

  'Draw Stories Roadmap
  '------------------
  futurePlanning = CalculateFuturPlanning(projects(1))
  Business_DrawAllPlanning ret, futurePlanning
End Sub


Public Function CalculateFuturPlanning(theSelectedProject As String) As String()
  Dim actors() As String
  Dim theSheet1 As Worksheet
  Dim theSheet2 As Worksheet
  Dim theSheet3 As Worksheet
  Dim theSheet4 As Worksheet
  Dim theSheet5 As Worksheet
  Dim j As Long
  Dim day1 As Date
  Dim day2 As Date
  Dim sprintByUS() As String

  actors = Business_GetActiveActors()

  ' Prepare work sheets
  ' ==================
  Business_PrepareSprintsWorkSheets theSheet1, theSheet2, theSheet3, theSheet4
  theSheet4.Visible = False

  ' Calculate current Sprint boundaries
  ' ================================
  j = Weekday(Now, 2)
  day1 = CDate(Format(Now, "dd/mm/yyyy")) - (j - 1)
  day2 = day1 + 7

  ' Calculate actorsCalendar
  ' ======================
  Business_CalculateActorsCalendar actors, day1, day2, theSheet1, _
                    theSheet2, theSheet3, theSheet4

  ' Affect backlog items to Actors calendar
```

```
' ==========================================
Business_AffectBacklogItemsToActorsCalendar day1, actors, theSheet1, _
                        theSheet2, theSheet3

' Separate the US
' ===============
Business_SeparateTheUS theSheet5, theSheet3

' Prepare SprintsByUs Table
' =========================
Business_PrepareSprintsByUsTable theSheet5, sprintByUS

CalculateFuturPlanning = sprintByUS
End Function
```

```
Public Sub Business_DrawAllPlanning( _
                data() As String, _
                futurePlanning() As String _
                )
Dim firstDay As Date
Dim lastDay As Date
Dim i As Integer
Dim theSheet As Worksheet
Dim ln As Integer
Dim project As String
Dim s() As String
Dim us As String
Dim id As String
Dim dateCreation As String
Dim dateDebut As String
Dim dateEcheance As String
Dim oldDateCompletion As String
Dim dateCompletion As String
Dim dateModification As String
Dim status As String
Dim bDrawPlanning As Boolean
Dim theShape As Shape

'Find first and last view days
'----------------------------
Business_IdentifyFirstAndLastDates firstDay, lastDay, data

For i = 1 To UBound(futurePlanning)
  If CDate(futurePlanning(i, 5)) > lastDay Then
    lastDay = CDate(futurePlanning(i, 5))
    lastDay = CDate(Format(lastDay, "dd/mm/yyyy")) + 1
  End If
Next
```

```
'Prepare View
'------------
Business_PrepareView firstDay, lastDay, "ProjectRoadmap"


'Draw users stories
'------------------
ln = 5
Set theSheet = ThisWorkbook.Sheets("ProjectRoadmap")
For i = 1 To UBound(data, 2)
  GetStepData data, i, project, us, id, dateCreation, dateDebut, _
        dateEcheance, dateCompletion, dateModification

  theSheet.Cells(ln, 1).Value = project
  theSheet.Cells(ln, 2).Value = us
  theSheet.Cells(ln + 1, 2).Value = " "

  'Rectangle modification piece
  '----------------------------
  If i = 1 Then '              If this is the first line
    Set theShape = DrawFirstLineStep( dateCreation, dateModification, _
                      data, theSheet, firstDay, ln )
  Else
    Set theShape = DrawLineStep( i, data, dateCreation, dateModification, _
                      theSheet, firstDay, ln )
  End If

  s = Split(data(2, i), " --> ")
  status = s(UBound(s))
  bDrawPlanning = False
  If i = UBound(data, 2) Then
    bDrawPlanning = True
  Else
    If id <> data(4, i + 1) Then
      bDrawPlanning = True
    End If
  End If

  If bDrawPlanning Then
    ' Limit the size of the End Step
    '-------------------------------
    If status = "Terminée" Or status = "Archivée" Then
      theShape.Width = theSheet.Cells(5, 5).Width / 4
    End If

    ' Rectangle début <--> échéance
    '  ----------------------------
    DrawBeginEcheanceStep dateDebut, dateEcheance, firstDay, ln, theSheet

    ' Rectangle création <--> complétion
```

```
'-----------------------------
DrawCreationCompletionStep dateCreation, dateCompletion, _
            firstDay, ln, theSheet

' Draw future planification
'-----------------------------
DrawFuturePlanification futurePlanning, project, us, theSheet, _
            firstDay, ln, status
End If

If i < UBound(data, 2) Then
  If id <> data(4, i + 1) Then
    ln = ln + 2
  End If
End If
Next

' Draw milestones
'---------------
DrawMilestones project, firstDay, ln, theSheet
End Sub
```

Form ProjectsRoadmapsForm

```
Public cancelled As Boolean
Private projects() As String
```

```
Public Function GetProjects() As String()
  GetProjects = projects
End Function
```

```
Public Sub ProjectsRoadmapsFormInit()
  Dim ret() As String
  Dim i As Integer

  cancelled = True
  ret = Business_GetProjects()
  ProjectsTreeView.Nodes.Clear
  For i = 1 To UBound(ret, 2)
    ProjectsTreeView.Nodes.Add , , ret(1, i), ret(1, i)
  Next
End Sub
```

```
Private Sub CloseButton_Click()
```

```vb
    cancelled = True
    ProjectsRoadmapsForm.Hide
End Sub
```

```vb
Private Sub DefineMilestonesButton_Click()
    FindSelectedProjects
    If UBound(projects) <> 1 Then
        MsgBox "One Project must be selected from the List !"
        Exit Sub
    End If

    ProjectsRoadmapsForm.Hide
    ProjectsMilestonesForm.ProjectsMilestonesFormInit projects(1)
    ProjectsMilestonesForm.Show
End Sub
```

```vb
Private Sub DrawProjectRoadmapButton_Click()
    FindSelectedProjects
    If UBound(projects) <> 1 Then
        MsgBox "One Project must be selected from the List !"
        Exit Sub
    End If

    ProjectsRoadmapsForm.Hide
    Business_DrawPlanning projects
End Sub
```

```vb
Private Sub FindSelectedProjects()
    Dim theNode As Node
    ReDim projects(0)
    For Each theNode In ProjectsTreeView.Nodes
        If theNode.Checked Then
            ReDim Preserve projects(UBound(projects) + 1)
            projects(UBound(projects)) = theNode.Text
        End If
    Next
End Sub
```

Form ProjectsMilestonesForm

```vb
Private theProject As String
Private milestones() As String
Public cancelled As Boolean
```

```
Public Sub ProjectsMilestonesFormInit(project As String)
    theProject = project
    ProjectLabel.Caption = project
    milestones = Business_GetMilestones(project)
    RefreshMilestonesView milestones
End Sub
```

```
Public Sub RefreshMilestonesView(milestones() As String)
    Dim theHtml As String
    Dim i As Long
    
    theHtml = ""
    theHtml = theHtml & "<table width='100%' border=1>"
    theHtml = theHtml & "  <tr>"
    theHtml = theHtml & "    <td></td>"
    theHtml = theHtml & "    <td style='font-size:16px;'>Date</td>"
    theHtml = theHtml & "    <td style='font-size:16px;'>Milestone</td>"
    theHtml = theHtml & "  </tr>"
    
    For i = 1 To UBound(milestones, 2)
      DoEvents
      theHtml = theHtml & "<tr>"
      theHtml = theHtml & "  <td>"
      theHtml = theHtml & "  <input type='radio' id='" & i & "' name='rd'/></td>"
      theHtml = theHtml & "  <td style='font-size:16px;'> " & milestones(1, i)
      theHtml = theHtml & "  </td>"
      theHtml = theHtml & "  <td style='font-size:16px;'> " & milestones(2, i)
      theHtml = theHtml & "  </td>"
      theHtml = theHtml & "</tr>"
    Next
    
    theHtml = theHtml & "</table>"
    
    MilestonesWebBrowser.Navigate ("about:blank")
    DoEvents
    MilestonesWebBrowser.Document.body.innerHTML = theHtml
End Sub
```

```
Private Sub AddMilestoneButton_Click()
    Dim milestone As String
    Dim theDate As String
    
    NewMilestoneForm.NewMilestoneFormInit theProject
    NewMilestoneForm.Show
    
    ProjectsMilestonesFormInit theProject
End Sub
```

```
Private Sub CloseMilestonesButton_Click()
  ProjectsMilestonesForm.Hide
End Sub


Private Sub DeleteMilestoneButton_Click()
  Dim selectedMilestone As String
  Dim s() As String

  selectedMilestone = GetSelectedRadio()

  If selectedMilestone = "" Then Exit Sub

  Business_DeleteMilestone theProject, _
              milestones(1, CInt(selectedMilestone)), _
              milestones(2, selectedMilestone)

  ProjectsMilestonesFormInit theProject
End Sub


Private Sub ModifyMilestoneButton_Click()
  Dim selectedMilestone As String
  Dim oldMilestone As String
  Dim oldDate As String

  selectedMilestone = GetSelectedRadio()

  If selectedMilestone = "" Then Exit Sub

  oldDate = milestones(1, CInt(selectedMilestone))
  oldMilestone = milestones(2, CInt(selectedMilestone))

  ModifyMilestoneForm.ModifyMilestoneFormInit theProject, _
                    oldMilestone, _
                    oldDate
  ModifyMilestoneForm.Show

  ProjectsMilestonesFormInit theProject
End Sub


Private Function GetSelectedRadio() As String
  Dim doc As HTMLDocument
  Dim radios As IHTMLElementCollection
  Dim radio As HTMLOptionButtonElement
```

```
Set doc = MilestonesWebBrowser.Document
Set radios = doc.getElementsByName("rd")
For Each radio In radios
  If radio.Checked Then
    GetSelectedRadio = radio.id
    Exit Function
  End If
Next
 GetSelectedRadio = ""
End Function
```

Module DB_Projects

```
Public Function DB_GetMilestones(project As String) As String()
  Dim sql As String
  Dim ret() As String

  sql = ""
  sql = sql & "SELECT theDate, milestone FROM [DB_Milestones$]"
  sql = sql & " WHERE projectName = '" & project & "'"
  ret = LocalRequest(sql)
  DB_GetMilestones = ret
End Function


Public Function DB_MilestoneExists _
       ( _
          project As String, _
          milestone As String _
       ) As Boolean
  Dim sql As String
  Dim ret() As String

  sql = ""
  sql = sql & "SELECT COUNT(*) FROM [DB_Milestones$]"
  sql = sql & " WHERE projectName = '" & project & "'"
  sql = sql & "   AND milestone ='" & milestone & "'"
  ret = LocalRequest(sql)

  If ret(1, 1) = "0" Then
    DB_MilestoneExists = False
  Else
    DB_MilestoneExists = True
  End If
End Function
```

```vb
Public Sub DB_AddMilestone( _
            project As String, _
            milestone As String, _
            theDate As String _
            )
Dim sql As String

sql = ""
sql = sql & "INSERT INTO [DB_Milestones$](projectName, milestone, theDate) "
sql = sql & "VALUES ('" & project & "', "
sql = sql & "      '" & milestone & "', "
sql = sql & "      '" & theDate & "')"
LocalInsertOrUpdate sql
End Sub
```

```vb
Public Sub DB_DeleteMilestone _
        ( _
        project As String, _
        theDate As String, _
        milestone As String _
        )
Dim i As Integer
Dim theSheet As Worksheet

Set theSheet = ThisWorkbook.Sheets("DB_Milestones")
i = 2
Do While theSheet.Cells(i, 1).Value <> ""
  If theSheet.Cells(i, 1).Value = theDate And _
    theSheet.Cells(i, 2).Value = milestone And _
    theSheet.Cells(i, 3).Value = project Then
    theSheet.Cells(i, 1).EntireRow.Delete
    Exit Do
  End If
  i = i + 1
Loop
End Sub
```

```vb
Public Function DB_MilestoneExists( _
                project As String, _
                milestone As String _
                ) As Boolean
Dim sql As String
Dim ret() As String

sql = ""
sql = sql & "SELECT COUNT(*) FROM [DB_Milestones$]"
sql = sql & " WHERE projectName = '" & project & "'"
sql = sql & "  AND milestone ='" & milestone & "'"
```

```
  ret = LocalRequest(sql)

  If ret(1, 1) = "0" Then
    DB_MilestoneExists = False
  Else
    DB_MilestoneExists = True
  End If
End Function


Public Sub DB_ModifyMilestone( _
            project As String, _
            milestone As String, _
            theDate As String, _
            oldMilestone As String, _
            oldDate As String _
            )
  Dim sql As String
  Dim ret() As String

  sql = ""
  sql = sql & "UPDATE [DB_Milestones$]"
  sql = sql & "  SET milestone = '" & milestone & "',"
  sql = sql & "      theDate = '" & theDate & "'"
  sql = sql & " WHERE projectName = '" & project & "'"
  sql = sql & "   AND milestone = '" & oldMilestone & "'"
  sql = sql & "   AND theDate = '" & oldDate & "'"
  LocalInsertOrUpdate sql
End Sub
```

Form NewMilestoneForm

```
Public Sub NewMilestoneFormInit( _
            project As String, _
            Optional milestone As String = "", _
            Optional theDate As String = "" _
            )
  ProjectLabel.Caption = project
  MilestoneTextBox.Text = milestone
  TheDateTextBox.Text = theDate
End Sub


Private Sub CancelEditMilestoneButton_Click()
  NewMilestoneForm.Hide
End Sub
```

```
Private Sub CreateMilestoneButton_Click()
  If Trim(MilestoneTextBox.Value) = "" Then Exit Sub
  If Trim(TheDateTextBox.Value) = "" Then Exit Sub
  If Not VerifyDate Then
    MsgBox "A valid date must be entered (dd/mm/yyyy) !"
    Exit Sub
  End If
  Business_AddMilestone ProjectLabel.Caption, _
              Trim(MilestoneTextBox.Value), _
              Trim(TheDateTextBox.Value)
  NewMilestoneForm.Hide
End Sub
```

```
Private Function VerifyDate() As Boolean
  Dim theDate As String

  theDate = Trim(TheDateTextBox.Value)
  If Len(theDate) <> 10 Then
    VerifyDate = False
    Exit Function
  End If
  If Mid(theDate, 3, 1) <> "/" Then
    VerifyDate = False
    Exit Function
  End If
  If Mid(theDate, 6, 1) <> "/" Then
    VerifyDate = False
    Exit Function
  End If
  If Not IsDate(theDate) Then
    VerifyDate = False
    Exit Function
  End If
  VerifyDate = True
End Function
```

Module Business_Extractions

```
Public Sub Business_AddMilestone( _
              project As String, _
              milestone As String, _
              theDate As String _
              )
  If DB_MilestoneExists(project, milestone) Then
    MsgBox "This milestone already exists !"
    Exit Sub
```

```
End If
DB_AddMilestone project, milestone, theDate
End Sub
```

Form ModifyMilestoneForm

```
Private oldMilestone As String
Private oldDate As String
```

```
Public Sub ModifyMilestoneFormInit( _
              project As String, _
              Optional milestone As String = "", _
              Optional theDate As String = "" _
              )
  ProjectLabel.Caption = project
  MilestoneTextBox.Text = milestone
  TheDateTextBox.Text = theDate
  oldMilestone = milestone
  oldDate = theDate
End Sub
```

```
Private Sub CanceModifyMilestoneButton_Click()
  ProjectsMilestonesForm.cancelled = True
  ModifyMilestoneForm.Hide
End Sub
```

```
Private Sub ModifyMilestoneButton_Click()
  ProjectsMilestonesForm.cancelled = False
  If Trim(MilestoneTextBox.Value) = "" Then Exit Sub
  If Trim(TheDateTextBox.Value) = "" Then Exit Sub
  If Not VerifyDate Then
    MsgBox "A valid date must be entered (dd/mm/yyyy) !"
    Exit Sub
  End If

  If oldMilestone <> Trim(MilestoneTextBox.Value) Or _
     oldDate <> Trim(TheDateTextBox.Value) Then
    Business_ModifyMilestone ProjectLabel.Caption, _
              Trim(MilestoneTextBox.Value), _
              Trim(TheDateTextBox.Value), _
              oldMilestone, _
              oldDate
```

```
        End If
        ModifyMilestoneForm.Hide
    End Sub
```

```
Private Function VerifyDate() As Boolean
    Dim theDate As String

    theDate = Trim(TheDateTextBox.Value)
    If Len(theDate) <> 10 Then
        VerifyDate = False
        Exit Function
    End If
    If Mid(theDate, 3, 1) <> "/" Then
        VerifyDate = False
        Exit Function
    End If
    If Mid(theDate, 6, 1) <> "/" Then
        VerifyDate = False
        Exit Function
    End If
    If Not IsDate(theDate) Then
        VerifyDate = False
        Exit Function
    End If
    VerifyDate = True
End Function
```

```
Private Sub UserForm_Terminate()
    ProjectsMilestonesForm.cancelled = True
End Sub
```

Module Business_DatesView

```
Public Sub DrawFuturePlanification _
( _
    futurePlanning() As String, _
    project As String, _
    us As String, _
    theSheet As Worksheet, _
    firstDay As Date, _
    In As Integer, _
    status As String _
)
    Dim found As Boolean
    Dim i As Integer
    Dim date1 As String
```

```
Dim date2 As String

found = False
For i = 1 To UBound(futurePlanning)
  If futurePlanning(i, 1) = project And _
    Trim(futurePlanning(i, 2)) = Trim(us) Then
    date1 = Format(CDate(futurePlanning(i, 4)), "dd/mm/yyyy 00:00:00")
    date2 = Left(futurePlanning(i, 5), 10) & " 23:59:59"
    DrawStep date1, date2, theSheet, firstDay, ln, ""
    found = True
    Exit For
  End If
Next

If Not found Then
  If status <> "Terminée" And status <> "Archivée" Then
    DrawOngoingStep Format(Now, "dd/mm/yyyy hh:nn:ss"), theSheet, _
        firstDay, ln, ""
  End If
End If
End Sub


Private Sub DrawOngoingStep _
( _
  date1 As String, _
  theSheet As Worksheet, _
  firstDay As Date, _
  ln As Integer, _
  status As String _
)
  Dim nbDays As Integer
  Dim percentage As Double
  Dim x As Single
  Dim y As Single
  Dim dx As Single
  Dim dy As Single
  Dim theShape As Shape

  nbDays = CDate(Left(date1, 10)) - firstDay
  percentage = (CLng(Format(CDate(date1), "hh")) * 3600 + _
        CLng(Format(CDate(date1), "nn")) * 60 + _
        CLng(Format(CDate(date1), "ss"))) / (24 * 36)

  x = theSheet.Cells(ln, nbDays + 3).Left + _
    theSheet.Cells(ln, nbDays + 3).Width * percentage / 100
  y = theSheet.Cells(ln, 1).Top
  dx = theSheet.Cells(ln, nbDays + 3).Width
  dy = theSheet.Cells(ln, 1).Height
```

```vba
    Set theShape = DrawColoredRightArrow( _
                theSheet.Name, x, y - 3, dx, dy + 6, _
                getStatusColor(status))

    theShape.ScaleWidth 1, msoFalse, msoScaleFromBottomRight
    theShape.Adjustments.Item(1) = 0.7
    theShape.ZOrder msoSendToBack
    theShape.Fill.Transparency = 0.2
End Sub


Public Sub DrawMilestones( _
            project As String, _
            firstDay As Date, _
            ln As Integer, _
            theSheet As Worksheet _
            )
Dim milestones() As String
Dim theDate As String
Dim milestone As String
Dim i As Integer
Dim nbDays As Single
Dim x As Single
Dim y As Single
Dim dx As Single
Dim dy As Single

milestones = DB_GetMilestones(project)
For i = 1 To UBound(milestones, 2)
  theDate = milestones(1, i)
  milestone = milestones(2, i)
  nbDays = CDate(theDate) - firstDay

  x = theSheet.Cells(ln, nbDays + 3).Left
  y = theSheet.Cells(1, 1).Top
  dx = 0
  dy = 10000
  DrawLine "ProjectRoadmap", RGB(200, 100, 50), x + 7, y, dx, dy, 2, True

  DrawTextInBox milestone, RGB(255, 255, 255), RGB(200, 100, 50), False, 8, _
          msoAnchorMiddle, msoAnchorCenter, "ProjectRoadmap", _
          x + 7, 1, 90, 20, True
  Next
End Sub
```

Module Technical_Shapes

```vba
Public Function DrawColoredRightArrow _
```

```
  ( _
    sheetName As String, _
    x As Single, _
    y As Single, _
    dx As Single, _
    dy As Single, _
    theColor As Long _
  ) As Shape
    Dim rect As Shape
    Set rect = ThisWorkbook.Sheets(sheetName).Shapes.AddShape( _
                                    msoShapeRightArrow, _
                                    x, y, dx, dy)
    rect.line.weight = 0.25
    rect.Fill.ForeColor.RGB = theColor
    Set DrawColoredRightArrow = rect
  End Function


  Public Function DrawLine _
  ( _
    sheetName As String, _
    clr As Long, _
    x As Single, _
    y As Single, _
    dx As Single, _
    dy As Single, _
    weight As Single, _
    dotted As Boolean _
  ) As Shape
    Dim line As Shape
    Set line = ThisWorkbook.Sheets(sheetName).Shapes.AddConnector( _
                                    msoConnectorStraight, _
                                    x, y, x + dx, y + dy)
    line.line.weight = weight
    line.line.ForeColor.RGB = clr
    If dotted Then
      line.line.DashStyle = msoLineDashDot
    End If
    Set DrawLine = line
  End Function


  Public Function DrawTextInBox _
  ( _
    txt As String, _
    clr As Long, _
    bckClr As Long, _
    isBold As Boolean, _
    sz As Integer, _
    vAlign As Integer, _
```

```
  hAlign As Integer, _
  sheetName As String, _
  x As Single, y As Single, dx As Single, dy As Single, _
  fixed As Boolean _
) As Shape
  Dim rect As Shape

  Set rect = DrawTextRectangle(txt, sheetName, x, y, dx, dy)
  rect.Fill.ForeColor.RGB = bckClr
  rect.line.weight = 1
  rect.line.Visible = msoTrue

  rect.TextFrame2.TextRange.Characters.ParagraphFormat.Alignment = msoAlignLeft

  rect.TextFrame2.TextRange.Font.Fill.ForeColor.RGB = clr
  rect.TextFrame2.TextRange.Font.Size = sz
  rect.TextFrame2.TextRange.Font.Bold = isBold

  If Not fixed Then
    rect.TextFrame2.AutoSize = msoAutoSizeShapeToFitText
    rect.TextFrame2.WordWrap = msoFalse
  End If

  rect.TextFrame2.MarginLeft = 1
  rect.TextFrame2.MarginRight = 1
  rect.TextFrame2.MarginTop = 0
  rect.TextFrame2.MarginBottom = 0

  rect.Top = y - rect.Height / 2
  rect.Left = x - rect.Width / 2

  rect.TextFrame2.VerticalAnchor = vAlign
  rect.TextFrame2.HorizontalAnchor = hAlign
  rect.TextFrame2.TextRange.ParagraphFormat.Alignment = hAlign

  Set DrawTextInBox = rect
End Function
```

En résumé :

Ce chapitre a détaillé la construction de la fonctionnalité qui permet de voir un diagramme de Gantt d'un projet. Les bénéfices sont multiples. Sur ce diagramme on peut voir l'historique des tâches, leur planification actuelle et leur planning de référence, les écarts des tâches par rapport au planning de référence, et le respect des jalons du projet. Cette vue est essentielle pour l'équipe car elle lui permet de maîtriser son planning et de prendre les décisions nécessaires en vue de corriger, d'optimiser et d'améliorer la planification. Elle transfère la maîtrise du planning des clients vers l'équipe. Elle aide à la reconstruction de la confiance des clients en l'équipe.

Chapitre 12 – Conclusion

Cette organisation avait été construite en trois mois. Le printemps arrivait avec son ambiance tranquille accentuée par une trajectoire claire et faisable. Il ne restait que la mise en œuvre de la solution. Il fallait attendre trois mois supplémentaires pour que le nouveau fonctionnement de l'équipe commence à porter ses fruits. La nouvelle organisation avait permis de remettre sur le chemin d'amélioration une équipe qui rencontrait une mauvaise organisation. Cette dernière se manifestait par une mauvaise gestion de la planification, mauvaise gestion du plan de charge et un mécontentement clients.

Voici une information importante : Les deux mois de démarrage avaient permis, en plus de tester la solution, d'identifier le degré souhaité de visibilité de chaque client sur le travail de l'équipe. L'équipe avait donc personnalisé son reporting pour chaque client. Ce reporting étant de la responsabilité des chefs de projet qui pilotent les projets des clients.

Pour corriger la trajectoire d'une équipe en déroute, la démarche suggérée est construite sur plusieurs piliers :
- Il faut une maîtrise de l'analyse, la construction, la gestion, l'optimisation et l'amélioration des processus. La première étape est

d'analyser le comportement, les pratiques et les habitudes de l'équipe. Cette analyse permet de :
- o Réorienter l'équipe vers la bonne direction.
- o Apporter le minimum de changements à l'équipe pour induire le minimum de perturbation.
- o Garder les bonnes pratiques et les utiliser comme base pour édifier dessus la transformation.

- Il faut une maîtrise de l'agilité, de ses différentes méthodologies, de ses pratiques, de ses rituels et de ses outils. Introduire l'agilité s'avère toujours positif pour améliorer les comportements, optimiser et organiser le travail d'une équipe. Je crois que l'introduction de l'agilité ne doit pas être faite d'une manière spontanée et complète. La transformation rapide et complète introduit une forte perturbation de l'équipe. En plus, elle provoque une forte résistance au changement. Je préfère une introduction tranquille et par étapes de l'agilité, ce qui rend le changement plus doux et accepté. Ce chantier ne peut être mené qu'avec une compréhension et une maîtrise complète des méthodologies agiles. Il faut noter qu'on n'est pas obligé de mettre en œuvre une méthodologie agile complète. D'après l'expérience, il est mieux de passer par une étape d'agilité hybride combinée aux pratiques existantes dans l'équipe. Ensuite, on peut essayer peu à peu de tendre vers une méthodologie agile précise ou vers une combinaison de méthodologies agiles. On peut également, si on y découvre un intérêt, rester et continuer en mode hybride.

- Il faut une maîtrise des outils, processus et pratiques de gestion de projet. Il faut des connaissances sur tous les domaines des processus de gestion de projet. Il faut maîtriser par exemple la gestion des exigences pour pouvoir comprendre le lien entre les exigences et le backlog produit. Il faut maîtriser la gestion des délais pour construire le planning et le Gantt, retrouver le chemin critique, et peut-être dérouler un plan d'action pour le sécuriser. Il faut maîtriser la gestion budgétaire pour construire le budget du projet et en faire le suivi. Il faut maîtriser la gestion des ressources humaines pour pouvoir comprendre et générer le suivi nécessaire de ces ressources. Il est essentiel de maîtriser la gestion de communication en identifiant les parties prenantes, leurs besoins et de construire le reporting qui correspondra à leurs attentes... etc. En résumé, il est essentiel pour redresser une équipe de maîtriser la gestion de projet car les processus qui vont être modifiés sont les processus de gestion de l'équipe et des projets.

- Il faut une maîtrise de la Digitalisation (la Transformation Numérique). La robotisation et l'automatisation des processus sont une étape essentielle. Elle libère la nouvelle organisation de plusieurs tâches et permet que la transformation soit mieux acceptée. Il faut aussi utiliser les fonctionnalités du Cloud pour permettre une communication d'informations transparente et fluide vers les différentes parties prenantes (y compris vers l'équipe elle-même).

- Il faut une maîtrise technique du développement informatique et de l'utilisation des plateformes digitales (Kanban en ligne, Cloud, partages…). L'objectif étant de construire une automatisation de plusieurs processus pour permettre une rapidité dans la gestion et dans la correction du trajet.

C'est la combinaison de ces cinq compétences qui va permettre d'analyser la situation actuelle, de définir la cible, de dessiner la trajectoire, d'implémenter la solution, de gérer la transformation, de tester la nouvelle organisation, d'affiner pour répondre à l'attente des parties prenantes, et de mener la gestion et la surveillance de la nouvelle organisation.

Printed in France by Amazon
Brétigny-sur-Orge, FR